AF135993

Tobias Ruoff

Die postmortale Organspende

Aktuelle Rechtslage sowie Positionen aus Medizin, Theologie und Ethik

Bibliografische Information der Deutschen Nationalbibliothek:

Die Deutsche Nationalbibliothek verzeichnet diese Publikation in der Deutschen Nationalbibliografie; detaillierte bibliografische Daten sind im Internet über http://dnb.d-nb.de abrufbar.

Impressum:

Copyright © Science Factory 2020

Ein Imprint der GRIN Publishing GmbH, München

Druck und Bindung: Books on Demand GmbH, Norderstedt, Germany

Covergestaltung: GRIN Publishing GmbH

II

Inhaltsverzeichnis

Abbildungsverzeichnis

1 Einleitung

„Organspende – Die Entscheidung zählt". Unter diesem Slogan möchte die Bundeszentrale für gesundheitliche Aufklärung (BZgA) über die Möglichkeit von Organ- und Gewebespenden informieren und schließlich zu einer persönlichen Entscheidung hinsichtlich der eigenen Organspendebereitschaft animieren.[1] Auch Organisationen und Verbände wie die Bundesärztekammer (BÄK) oder die Deutsche Stiftung Organspende (DSO) sind daran interessiert, durch verschiedene Initiativen und Aktionen (z.B. Tag der Organspende, Organspendelauf, Werbemaßnahmen) für das oftmals tabuisierte Thema des eigenen Todes und einer möglichen postmortalen Organspende zu sensibilisieren, um letztlich Menschen dafür zu gewinnen, dass diese durch Ausfüllen eines Organspendeausweises ihr potentielles Einverständnis für eine für andere möglicherweise lebensrettende Organentnahme nach Eintritt des eigenen Hirntodes dokumentieren. Durch Aufklärung sowie durch Betonung der Wichtigkeit einer zu Lebzeiten eindeutig verfügten Entscheidung für oder gegen die postmortale Organspende, die im Fall der Fälle vor allem die behandelnden Ärzte und nächsten Angehörigen entlasten soll, erhofft man sich im Idealfall eine Erhöhung der Organspendebereitschaft in der Bevölkerung. Hintergrund dieser Bemühungen ist ein deutlich zu verzeichnender Mangel an Spenderorganen in Deutschland. So warteten Stand 2013 bis zu 12.000 Menschen auf eine Organspende, welche die individuelle Lebensqualität deutlich verbessern oder gar das eigene Leben retten könnte. Gleichzeitig konnte allerdings in den Folgejahren ein dramatisches Absinken der Anzahl an Organspendern pro Jahr (auf einen Tiefstand von 797 Organspendern im Jahr 2017) beobachtet werden, was sich vor allem durch verloren gegangenes Vertrauen in die Transplantationsmedizin aufgrund der zuletzt bekannt gewordenen Manipulationsskandale im bislang wenig transparenten Verteilungsprozess der Organe erklären lässt.[2] [3] Nicht zuletzt seitdem der amtierende Gesundheitsminister Jens Spahn die Möglichkeit einer sogenannten „Widerspruchslösung"[4] auslotet, um seinerseits dem herrschenden Mangel an Spenderorganen adäquat zu begegnen, ist das Thema „Organspende" wieder in aller Munde und wird in der Gesellschaft breit diskutiert. Aufgrund der

---

[1] Vgl. www.organspende-info.de (Abruf am 11.07.19).
[2] Vgl. Klinnert, Über Leben entscheiden, 299.
[3] Vgl. Patt/Bienek, Organspende bei Hirntoten, 342.
[4] Die Widerspruchslösung besagt, dass prinzipiell jeder Mensch zunächst als Organspender gilt, solange dieser dem nicht ausdrücklich widersprochen hat (z.B. durch Ausfüllen eines Organspendeausweises).

Aktualität und der existenziellen Dimension dieses Themas habe ich mich entschieden, mich im Rahmen der vorliegenden Abschlussarbeit mit den medizinischen, ethischen, philosophisch-theologischen, aber auch rechtlichen Fragestellungen, die sich bei der Praxis der postmortalen Organspende ergeben, intensiver auseinanderzusetzen.

Dabei soll im Zentrum der Arbeit das sogenannte „Hirntodkriterium" stehen, welches die überhaupt erst notwendige Voraussetzung für die Rechtmäßigkeit postmortaler Organentnahmen darstellt.[5] Allein der unumkehrbare Zustand des Hirntodes ermöglicht es, dass lebensnotwendige Organe (wie z.B. Herz oder Lunge)
spendebedürftigen Personen zur Transplantation zur Verfügung stehen, da sie
durch künstliche Beatmung und Aufrechterhaltung des Herz-Blutkreislaufes des
Hirntoten in ihrer Funktion erhalten werden können. Dabei ist das Hirntodkriterium in der Debatte äußerst umstritten, weswegen in der Arbeit sowohl kritische
als auch befürwortende Positionen Erwähnung finden. Ist ein Hirntoter wirklich
tot? Und wenn nicht, darf man Organe von noch Lebenden entnehmen und somit
ihren endgültigen Tod herbeiführen? Dies sind zentrale Fragen, die hierbei beantwortet werden wollen.

Ein zweites Anliegen dieser Arbeit liegt darin, die rechtlichen Rahmenbedingungen
zur postmortalen Organspende genauer zu beleuchten und kurz zu skizzieren. Dabei soll neben dem aktuell geltenden Regelungsmodell der erweiterten Zustimmungslösung auch auf die von Jens Spahn angedachte Widerspruchslösung sowie
auf weitere denkbare Modelle zur rechtlichen Gestaltung der postmortalen Organspende eingegangen werden. Die Arbeit schließt mit einem zusammenfassenden
Fazit und Ausblick.

---

[5] Durch das Hirntodkriterium wird der medizinisch diagnostizierte Hirntod eines Menschen
per Definition mit dem tatsächlichen Todeseintritt gleichgesetzt und somit eine postmortale
Organentnahme legitimiert.

Auf den ebenfalls umstrittenen Themenkomplex der sogenannten „Lebendspende", also der Spende nicht zwingend lebensnotwendiger Organe oder Teilorgane (z.B. Niere), sowie auf sämtliche ethische Probleme und Fragestellungen bezüglich der Allokation, d.h. der Verteilung von Spenderorganen an Empfänger anhand verschiedener Qualitätskriterien (z.B. Alter oder Heilungschancen), wird in dieser Arbeit aufgrund des begrenzten Umfangs nicht näher eingegangen. Organspenden nach Herzstillstand (sogenannte „Non-heart beating donations"), die u.a. in den USA, den Niederlanden, in Belgien und der Schweiz durchgeführt werden, sind mit der deutschen Rechtsprechung nicht vereinbar und bleiben ebenfalls unerwähnt.[6]

---

[6]   Vgl. Stoecker, Hirntod, 4-5; Vgl. Stoecker, Voraussetzung der Organspende, 106-108.

2 Das Hirntodkriterium als notwendige Voraussetzung postmortaler Organspende

2.1 Einführung in die Debatte um das Hirntodkriterium

Um einen Einstieg in das komplexe und vielschichtige Thema „postmortale Organspende" zu finden, soll zunächst der historische Ursprung und zeitliche Ablauf der Debatte um das sogenannte „Hirntodkriterium"[7] nachgezeichnet werden. Im Zuge dessen werden zentrale Begriffe definiert. Anschließend werden grundlegende Fragen und die Grundproblematik der Diskussion vorgestellt.

Das Hirntodkriterium ist eine noch durchaus junge Konvention, deren Konstruktion und Einführung im Zuge des raschen Fortschritts auf dem Gebiet der Intensiv- und Transplantationsmedizin in den 1950er Jahren notwendig wurde. Galt bis dato ein unumkehrbarer Herz-Kreislaufstillstand (auch als „Herztod" bezeichnet) mit fehlender Atmung und Herztätigkeit als klassisches und sicheres Todeskriterium, ergab sich jetzt durch Errungenschaften wie die künstlich-apparative externe Beatmung oder die Entwicklung der Herz-Lungen-Maschine die Möglichkeit, die eigentlich ausgefallene Atemfunktion und den Herz-Blutkreislauf adäquat zu ersetzen, auch wenn zuvor bereits eine endgültige Schädigung zentraler Hirnfunktionen eingetreten war.[8] Standen Herz- und Hirntod früher in einem zeitlich engen Zusammenhang bzw. gingen unmittelbar und zwingend auseinander hervor, so kam es nun zu einer regelrechten Entkopplung dieser beiden Phänomene und die alleinstehende Diagnose „Hirntod" entstand.[9] Gleichzeitig wurden im Bereich der Organtransplantation erhebliche Fortschritte erzielt und erste Organverpflanzungen

---

7   Alternativbezeichnungen in der Literatur sind z. B. „Hirntodkonzept", „Hirntodkonvention" o.ä. Im Folgenden mit HTK abgekürzt.

8   Vgl. Patt/Bienek, Organspende bei Hirntoten, 343-344; Vgl. Stoecker, Voraussetzung der Organspende, 100; Vgl. Neuefeind, Ethik, Recht und Politik, 76.

9   I.d.R. erfolgt der Hirntod in Konsequenz eines zuvor erlittenen Herztodes. Durch Herzversagen/Kreislaufstillstand und/oder fehlende Atmung wird das Gehirn nicht mehr ausreichend mit Sauerstoff versorgt und stirbt infolgedessen irreversibel ab (= sekundäre Hirnschädigung). In anderen Fällen kommt es durch Traumata, Hirnödeme oder Anstieg des Hirndrucks zu primären und irreversiblen Schädigungen von Großhirn, Kleinhirn oder Hirnstamm (mit Atemzentrum), was den Verlust der Atemfähigkeit nach sich zieht. Gelingt es zu diesem Zeitpunkt den Kreislauf mittels Reanimationsmaßnahmen (Herzdruckmassage, Beatmung) kurzfristig sowie durch intensivmedizinische Intervention (externe Beatmung, Herz-Lungen-Maschine) langfristig aufrechtzuerhalten, wird ein Patient infolgedessen als „Hirntoter" mit allerdings noch intaktem Herz-Kreislauf-System bezeichnet. Vgl. Patt/Bienek, Organspende bei Hirntoten, 342-344; Vgl. Neuefeind, Ethik, Recht und Politik, 75.

vorgenommen. Da sich dabei zeigte, dass sich Transplantate von Herztoten aufgrund der nicht kontinuierlich aufrechterhaltenen Sauerstoffversorgung als weniger erfolgversprechend erwiesen, wurde erstmals der Rückgriff auf die Organe irreversibel Hirngeschädigter für Transplantationszwecke in Erwägung gezogen.[10] Es existierten somit nun verschiedene Möglichkeiten, den Herztod auf der einen und den Hirntod auf der anderen Seite, um den Todeszeitpunkt eines Menschen festzulegen, wodurch sich die Aussage des bedeutenden Juristen des 19. Jahrhunderts Friedrich Carl von Savigny, welcher den Tod als „einfaches Naturereignis" bzw. als „etwas deutungslos Gegebenes" bezeichnete, als Trugschluss erwies. Damit wurden neue ethische Probleme und Fragestellungen aufgeworfen.[11]

Um die neu entstandenen vor allem medizinrechtlichen Unsicherheiten[12] schnellstmöglich zu klären, berief die Harvard Medical School (HMS) 1968 ein Ad-Hoc-Komitee ein, welches durch die Fixierung des Hirntodes als unumstößliches Todeskriterium, als sogenannten „point of no return", gleich zwei Leistungen vollbrachte. Zum einen wurde eine Festlegung über den Zeitpunkt getroffen, ab dem die endgültige Beendigung externer und technischer Maßnahmen zur Lebensverlängerung hirntoter Patienten rechtmäßig und angezeigt ist. Zum anderen fand die Entnahme lebenswichtiger Organe bei Hirntoten Legitimierung und rechtliche Absicherung und konnte somit fortan per Definition korrekterweise als „postmortale" Organspende bezeichnet werden.[13] Die Verlautbarung des HMS stellt die Geburtsstunde des HTK dar, welches sich in den folgenden Jahrzehnten in den USA sowie in den meisten westeuropäisch geprägten Ländern (mit Ausnahme Japans) trotz kontroverser Debatten etablierte.[14]

Doch was genau ist mit den Begriffen „Hirntod" und „Hirntodkriterium" ausgesagt? „Hirntod" beschreibt zunächst ganz nüchtern eine empirisch belegbare medizinische Diagnose, unter der man den „Zustand der irreversibel erloschenen Gesamtfunktion des Großhirns, des Kleinhirns und des Hirnstamms" (Patt/Bienek,

---

[10] Vgl. Stoecker, Voraussetzung der Organspende, 101; Vgl. Stoecker, Hirntod, 2.

[11] Vgl. Höfling, Tot oder lebendig, 164.

[12] Unter anderem wurde in Japan ein Mordurteil gegen einen Arzt verhängt, der Organentnahmen bei Hirntoten vorgenommen hatte. Vgl. Patt/Bienek, Organspende bei Hirntoten, 344.

[13] Vgl. Klinnert, Über Leben entscheiden, 301; Vgl. Patt/Bienek, Organspende bei Hirntoten, 344; Vgl. Stoecker, Hirntod, 1-2; Vgl. Neuefeind, Ethik, Recht und Politik, 76.

[14] Vgl. Stoecker, Hirntod, 1; Vgl. Stoecker, Voraussetzung der Organspende, 102; Vgl. Schockenhoff, Hirntod, 124.

Organspende bei Hirntoten, 342) versteht.[15] Erst durch die von der HMS vorgenommene Verknüpfung der Diagnose „hirntot" mit dem Postulat, dass ein hirntoter Mensch auch in jeglich anderer Hinsicht bereits tot ist (und eine postmortale Organentnahme damit keiner Tötung gleichzusetzen ist), wurde aus dem HTK eine Begrifflichkeit mit ethischer und rechtlicher Dimension, welche Eingang in den philosophischen Diskurs erhielt.[16]

In Deutschland liefert das sogenannte Transplantationsgesetz (TPG) den rechtlichen Rahmen für die Organspendepraxis. Dessen erstmalige Verabschiedung im Jahr 1997 wurde im Vorfeld durch eine öffentliche Debatte um das HTK begleitet. Eine Reihe von Ereignissen führte zu wachsender Skepsis in Teilen der Bevölkerung.[17] In §3 Abs. 1 Nr. 2 verfügt das TPG, dass lebenswichtige Organe wie Herz und Lunge nur dann entnommen werden dürfen, wenn der Tod des Organspenders „nach Regeln, die dem Stand der Erkenntnisse der medizinischen Wissenschaft entsprechen" festgestellt wurde. Gleiches gilt für den gegenteiligen Fall, wonach eine Organspende dann als unzulässig zu betrachten ist, wenn vor der Transplantation kein „endgültige[r], nicht behebbare[r] Ausfall der Gesamtfunktion des Großhirn, Kleinhirn und des Hirnstamms", also der medizinische Hirntod, nach eben jenen medizinisch-wissenschaftlichen Maßstäben diagnostiziert wurde (siehe TPG §3 Abs. 2 Nr. 2).[18] Somit fixiert der Gesetzgeber durch das TPG einerseits klar, dass der Tod bzw. Hirntod eines potentiellen Organspenders, dessen Diagnose nach hinreichenden medizinischen Erkenntnissen erfolgen muss, eine absolut notwendige und zentrale Bedingung für die Organentnahme darstellt.[19] Andererseits lässt er aber bewusst die Frage offen, ob der Gesamthirntod eines Menschen mit seinem tatsächlichen individuellen Tod gleichzusetzen ist.[20] Trotz des Fehlens

---

[15] Vgl. Patt/Bienek, Organspende bei Hirntoten, 342; Vgl. Stoecker, Hirntod, 1; Vgl. Stoecker, Voraussetzung der Organspende, 101-102.

[16] Vgl. Stoecker, Hirntod, 1; Vgl. Stoecker, Voraussetzung der Organspende, 102.

[17] So erschütterte 1992 beispielsweise der Fall des sogenannten „Erlanger Babys" das Vertrauen in die Gültigkeit des HTK. Ein Ungeborenes überlebte vierzig Tage im Leib seiner hirntoten und künstlich am Leben erhaltenen Mutter. Des Weiteren nährte das starke Berücksichtigung der Interessen der Transplantationsmedizin in der Konstruktion des HTK bestehende Zweifel. Vgl. Stoecker, Hirntod, 1; Vgl. Stoecker, Voraussetzung der Organspende, 102.

[18] Vgl. www.gesetze-im-internet.de/tpg/TPG.pdf (Abruf am 16.07.19).

[19] Damit folgt das TPG dem Vorbild der USA, wo die sogenannte „Dead-Donor-Rule" (DDR) Gültigkeit besitzt.

[20] Vgl. Denkhaus/Dabrock, Grauzonen, 139; Vgl. Neufeind, Ethik, Recht und Politik, 72-73; 81; Vgl. Stoecker, Hirntod, 1.

einer gesetzlichen Erläuterung des Todesbegriffs und der Vermeidung eines deutlichen Bekenntnisses zum HTK, wird dem TPG vor allem seitens der Befürworter eine implizite Zustimmung unterstellt.[21]

Die so entstandene Definitionslücke zwischen Tod und Hirntod wurde von der Bundesärztekammer (BÄK), die sich laut TPG primär um die Modalitäten und die Sicherstellung der medizinisch-wissenschaftlichen Standards der Hirntoddiagnose kümmern sollte, eigenmächtig und ohne konkreten Auftrag gefüllt. So geht aus den 1998 verfassten „Richtlinien zur Feststellung des Hirntodes" der Bundesärztekammer hervor, dass sie unter dem medizinisch diagnostizierten Hirntod gleichwohl auch den „naturwissenschaftlich-medizinischen" Individualtod eines Menschen versteht und somit eine sogenannte Identitätsthese, d.h. die Gleichsetzung von Hirntod mit dem Individualtod eines Menschen, vertritt. Diese bleibt in einigen philosophischen und rechtlichen Fachkreisen dennoch umstritten und bildet somit nicht den Common Sense in dieser Kontroverse ab.[22]

Nach Jahren des Stillstands kam es 2008 zu einem Wiederaufleben der Debatte, als sich der amerikanische Bioethikrat President's Council on Bioethics (PCB) in Form eines White Paper mit dem Titel „Controversies in the Determination of Death" zu einer weiteren Stellungnahme zum HTK veranlasst sah. Dem vorausgegangen waren neue Studien des Neurologen Alan Shewmon, welche darlegten, dass bei hirntoten Patienten trotz des Ausfalls des Gehirns als eigentlicher Schaltzentrale des menschlichen Organismus unter externer Beatmung weiterhin Phänomene des Zusammenspiels verschiedener körperlicher Teilfunktionen (wie z.B. Wundheilung, Infektionsbekämpfung, Wachstum, Geschlechtsentwicklung bis hin zu Schwangerschaften) teilweise fortbestehen.[23] Es zeigte sich, dass der Verlust aller integrativen Prozesse im menschlichen Organismus durch den irreversiblen Hirnausfall eben nicht oder zumindest nicht unmittelbar eintrat und die vermutete zentrale Stellung des Gehirns für restlos alle körperlichen Funktionen zumindest hinterfragt werden

---

[21] Vgl. Neuefeind, Ethik, Recht und Politik, 81-82.

[22] Vgl. a.a.O., 73-75; 81-82; Vgl. Denkhaus/Dabrock, Grauzonen, 139.

[23] Vgl. Denkhaus/Dabrock, Grauzonen, 140; Vgl. Schockenhoff, Hirntod, 126.

konnte.[24] [25] Der Verlust der ganzheitlichen Integration des Organismus durch den Hirntod, welcher bislang für einen stichhaltigen Begründungsansatz des HTK herangezogen wurde, erwies sich dadurch als obsolet und bedurfte einer Überarbeitung.[26] Das PCB nahm diese Kritik ernst, verwarf die bisherige Begründung des HTK und modifizierte sie dahingehend, dass nun der irreversible Verlust der Interaktion mit der Umwelt sowie die verlorene Fähigkeit der Eigentätigkeit und Selbsterhaltung in Folge des Hirnversagens als Kriterium für die Todesfeststellung bei Hirntoten maßgeblich sei.[27] Dieser Vorstoß wurde von den verschiedenen Streitparteien sehr unterschiedlich interpretiert. Einige werteten es als Widerlegung bzw. beginnende Abkehr vom bisherigen HTK (z.B. Wolfram Höfling) und waren von der nun gefundenen „Verlegenheitslösung" (Denkhaus/Dabrock, Grauzonen, 142) keineswegs überzeugt (so auch Alan Shewmon oder Ralf Stoecker). Andere (u.a. die Mehrheit des PCB selbst) sahen darin lediglich eine verbesserte Begründung für das weiterhin gültige HTK.[28] Heinz Angstwurm von der BÄK und Günter Kirste von der Deutschen Stiftung Organtransplantation (DSO) gingen dagegen in ihren Reaktionen auf die Ergebnisse des PCB nicht auf die Veränderung der gängigen Begründung für das HTK ein und bestritten, dass sich an der Gültigkeit des klassischen HTK etwas geändert habe.[29] Es bleibt daher fraglich, ob das bisher formulierte HTK durch die Stellungnahme des PCB nun gestützt oder eher geschwächt wurde.

Im Jahr 2012 wurde in Deutschland eine Revision des TPG vorgenommen, im Zuge derer aber lediglich die bislang gültige erweiterte Zustimmungslösung im Hinblick auf die individuelle postmortale Organspendebereitschaft von der sogenannten Entscheidungslösung[30] abgelöst wurde, jedoch keine neue Gesetzgebung

---

24 So berichtet Shewmon beispielsweise von einem Patienten, dessen Herztod erst mehr als 20 Jahre nach der Hirntoddiagnose eintrat, sodass möglicherweise vom neuen Krankheitsbild eines „chronischen Hirntodes" ausgegangen werden kann. Vgl. Denkhaus/Dabrock, Grauzonen, 140. Allerdings wurden Shewmons Studien auch kritisch betrachtet, wonach es sich bei den Fällen chronischen Hirntodes um Einzelfälle bzw. teils vorausgegangene Fehldiagnosen gehandelt habe. Vgl. Patt/Bienek, Organspende bei Hirntoten, 346.

25 Vgl. Höfling, Tot oder lebendig, 165.

26 Vgl. Denkhaus/Dabrock, Grauzonen, 140-141.

27 Vgl. Schockenhoff, Hirntod, 118; 126-127; Vgl. Denkhaus/Dabrock, Grauzonen, 141.

28 Vgl. Schockenhoff, Hirntod, 118; 127; Vgl. Höfling, Tot oder lebendig, 163.

29 Vgl. Denkhaus/Dabrock, Grauzonen, 138; 141.

30 Genaue Erläuterungen zu den verschiedenen rechtlichen Regelungsmodellen zur postmortalen Organspende finden sich in Kapitel 3 dieser Arbeit.

hinsichtlich des HTK erfolgte.[31] Dass auch die Stellungnahme des Deutschen Ethikrates (DER) von 2015 keine abschließende Klärung der HTK-Diskussion herbeigeführt hat, zeigt sich daran, dass innerhalb der Forschungsliteratur Uneinigkeit darüber besteht, ob der DER für eine Beibehaltung des HTK plädiert[32] oder „aufgrund kontroverser Auffassung innerhalb des Expertengremiums zu keiner eindeutigen Position gelangt" (Klinnert, Über Leben entscheiden, 300). Folgt man den Äußerungen des DER selbst, so ist davon auszugehen, dass er mehrheitlich den Hirntod als sicheres Todeszeichen versteht, wohingegen eine Minderheit im Rat ihn nicht für eine hinreichende Bedingung für den Tod eines Menschen akzeptiert.[33]

Dies führt zum Grundproblem der Debatte, in dessen Zentrum die Frage steht, ob der medizinisch diagnostizierte Hirntod gleichzusetzen ist mit dem tatsächlich eingetretenen Individualtod eines Menschen oder nicht. Anders gefragt: Behält das HTK seine Gültigkeit trotz der neuen wissenschaftlichen Erkenntnisse bei?[34] Von der Beantwortung dieser Frage hängt viel ab, da der Gesetzgeber, wie bereits erwähnt, im TPG unmissverständlich festsetzt, dass eine Entnahme lebenswichtiger Organe ausschließlich „ex cadavere", d.h. nach Todeseintritt, rechtlich erlaubt ist.[35] Wenn Hirntote per Definition nicht als Tote, sondern noch Lebende zu betrachten sind, hätte dies unweigerlich zur Konsequenz, dass Organspenden hirntoter Patienten nicht mehr legal praktiziert werden dürften. Einen möglichen Ausweg aus diesem Dilemma liefern einige Beteiligte der Diskussion (z.B. Robert Truog oder Dieter Birnbacher), welche die Aufgabe der „Tote-Spender-Regel" (das US-amerikanische Äquivalent heißt „Dead-Donor-Rule") vorschlagen, um die Frage nach der Identität von Hirntod und Tod zu umschiffen. Diese Lösung wird kontrovers diskutiert.[36]

---

31 Vgl. Denkhaus/Dabrock, Grauzonen, 136-137.
32 Vgl. Neuefeind, Ethik, Recht und Politik, 76-77.
33 Vgl. Deutscher Ethikrat, Stellungnahme zur Organspende, 72; 84.
34 Vgl. Patt/Bienek, Organspende bei Hirntoten, 344.
35 Vgl. a.a.O., 343.
36 Vgl. ebd.; Vgl. Stoecker, Voraussetzung der Organspende, 109-110.

Ein weiterer wichtiger Bestandteil des Problems ist das begriffliche Kontinuum zwischen Leben und Tod und die Schwierigkeit einer klaren Grenzziehung zwischen beiden, welche die gesetzlichen Vorgaben eigentlich erfordern.[37] Leben und Tod sind einerseits komplementäre Größen, die sich eigentlich gegenseitig ausschließen, andererseits wurden gerade durch die Fortschritte der Medizin neue Übergänge und Zwischenzustände (wie z.B. der Hirntod) geschaffen, die sich mit kontradiktorischen Begriffen nicht mehr eindeutig klassifizieren lassen. So erweitert Ralf Stoecker den Begriff des Lebens, indem er ihn in verschiedene Aspekte unterteilt: die rein biologische Existenz, die biographische Existenz als Summe menschlichen Erlebens sowie die phänomenale Existenz als von außen wahrnehmbare Lebendigkeit. Seiner Ansicht nach entscheidet sich die Beurteilung, ob ein Hirntoter lebt oder nicht, daran, welche Priorität wir den unterschiedlichen Lebensaspekten beimessen. Er selbst beantwortet die Frage mit einem „irgendwo dazwischen" (Stoecker, Voraussetzung der Organspende, 106) mit einer Tendenz zum Nein, da Hirntote in vielerlei Hinsicht noch Eigenschaften eines Lebenden zeigen, was einem rechtlichen geforderten Entweder-oder-Denken über Tod und Leben diametral entgegensteht.[38]

Die Streitparteien ringen also zusammenfassend um folgende Fragen: Ist ein Hirntoter wirklich tot? Wenn nein, ist eine „postmortale" Organspende dann noch rechtlich und moralisch legitim und kann man die „Dead-Donor-Rule" (DDR) guten Gewissens abschaffen? Kann es einen Zwischenzustand zwischen den sich gegenseitig ausschließenden Begriffen Tod und Leben geben? Ist die Konstruktion solcher Zwischenlösungen sinnvoll und hilfreich oder bringt sie nur noch mehr Probleme hervor? Unterschiedliche Verbände und Organisationen, aber auch Einzelpersonen aus Medizin, Theologie, den Rechtswissenschaften und der Philosophie, die einerseits entschiedene Gegner und Befürworter sind, aber auch Zwischenpositionen einnehmen und nach pragmatisch gangbaren Kompromissen suchen, sollen in den folgenden Ausführungen zu Wort kommen.

---

[37] So bringt der Tod eines Menschen auch eine einschneidende Veränderung seines sozialen und rechtlichen Status mit sich. Nicht zuletzt bei der postmortalen Organspende entscheidet sich deren Rechtmäßigkeit gerade an der Frage nach Tod oder Leben. Vgl. Stoecker, Voraussetzung der Organspende, 109.

[38] Vgl. Stoecker, Voraussetzung der Organspende, 103-106; Vgl. Höfling, Tot oder lebendig, 166-167.

Die Etappen der geschichtlichen Entwicklung sind in folgender Tabelle noch einmal knapp zusammengefasst:

Wann?	Wer?	Was?
1950er Jahre	Fortschritte in der Intensiv- und Transplantationsmedizin	Entkopplung von Herz- und Hirntod
1968	**Harvard Medical School (HMS)** – Ad-Hoc-Komitee	Geburtsstunde des HTK (Hirntod = Tod des Menschen)
1990	Gemeinsame Erklärung **Deutsche Bischofskonferenz (DBK) und Evangelische Kirche Deutschland (EKD)**	Bestätigung der Gültigkeit des HTK
1997	**Deutsches Transplantationsgesetz (TPG)**	Diagnostizierter Hirntod als Voraussetzung postmortaler Organspende, keine Aussage ob Hirntod = Tod des Menschen
1998	**Bundesärztekammer (BÄK) –** „Richtlinie zur Feststellung des Hirntods"	Hirntod = naturwissenschaftlich-medizinischer Individualtod des Menschen
2008	**President's Council on Bioethics (PCB) –** White Paper "Controversies in the Determination of Death"	Überarbeitung der Standardbegründung für das HTK (Verlorene Selbsttätigkeit statt Verlust ganzheitlicher Integration durch Hirnausfall)
2012	**TPG-Revision**	Ergänzung der „erweiterten Zustimmungslösung" durch „Entscheidungslösung"
2015	**Deutscher Ethikrat (DER)**	Uneinigkeit, aber mehrheitliche Zustimmung zum HTK innerhalb des Rates

Abb. 1.: Tabellarische Darstellung des chronologischen Ablaufs der HTK-Debatte

2.2 Befürworter des Hirntodkriteriums

Die Befürworter des Hirntodkriteriums verfolgen in der Regel zwei mögliche Argumentationswege, um die medizinische Hirntoddiagnose als tatsächliches Todeskriterium zu legitimieren und somit die sogenannte „Gleichsetzung- bzw. Identitätsthese" zu stützen.[39]

---

[39] Vgl. Klinnert, Über Leben entscheiden, 302; Vgl. Stoecker, Hirntod, 2; Vgl. Höfling, Tot oder lebendig, 164.

Der erste Argumentationsgang wird je nach Autor als **„bewusstseinstheoretische Begründung"** bzw. „Geistigkeitstheorie" bezeichnet und gilt als alternativer Begründungsansatz, dem in der Forschungsliteratur eine eher untergeordnete Bedeutung beigemessen wird, wenngleich er intuitiv moralisch-ethisch deutlich einleuchtender wirkt und sich näher an der konkreten Lebenswelt der Menschen orientiert.[40] In ihm wird der Hirntod mit dem Tod eines Menschen gleichgesetzt, weil mit dem unwiderruflichen Ausfall des Gehirns zwangsläufig jegliche Fähigkeit eines bewussten Erlebens verloren gegangen sei und der hirntote Mensch über kein psychisches Innenleben mehr verfüge. Durch den irreversiblen Verlust der biologischen Grundlage für die für einen Menschen charakteristische Geistigkeit sei das menschliche Leben mit Eintreten des Hirntodes an sein Ende gekommen.[41] Kritisiert wird diese Herangehensweise u.a. deshalb, weil sie den Menschen auf seine personalen und geistigen Fähigkeiten (wie z.B. Bewusstsein) reduziert und damit im Widerspruch zum Grundgesetz[42] sowie zum christlichen Menschenbild eines geistigen und leiblichen Wesens steht. Auch der DER lehnt in seiner Stellungnahme zum HTK ein rein „mentalistisches" Todesverständnis ab.[43]

Die zweite und offizielle Begründung des HTK ist dagegen **„organismustheoretischer" Art** und folgt in ihrer Argumentation einer biologisch-physiologischen „Integrations- und Ganzheitstheorie". Sie erkennt den Hirntod eines Menschen deshalb als deutlichen Indikator für den tatsächlichen Tod eines Menschen an, da sein irreversibel abgestorbenes Gehirn nicht mehr in der Lage ist, seiner zentralen Steuerungs- und Koordinierungsfunktion nachzukommen und das funktionelle Zusammenspiel der einzelnen Organe und Körperfunktionen, und somit die Einheit des Gesamtorganismus, sicherzustellen.[44] Zwar wurde u.a. durch die bereits erwähnten Studien[45] von Alan Shewmon immer wieder die These vertreten, dass eine

---

40 Vgl. Höfling, Verfassungsrecht, 85; Vgl. Höfling, Tot oder lebendig, 169; Vgl. Stoecker, Hirntod, 2; Vgl. Denkhaus/Dabrock, Grauzonen, 140.

41 Vgl. Höfling, Verfassungsrecht, 85; Vgl. Schockenhoff, Hirntod, 124; Vgl. Stoecker, Hirntod, 2-3.

42 So verliert der Mensch durch den Verlust bestimmter psychischer oder kognitiver Fähigkeiten keineswegs seine grundrechtlich zugesicherte Schutzwürdigkeit, wie sie z.B. auch Wachkoma-Patienten genießen. Vgl. Höfling, Tot oder lebendig, 169.

43 Vgl. Deutscher Ethikrat, Stellungnahme zur Organspende, 68; Vgl. Klinnert, Über Leben entscheiden, 302-303; Vgl. Höfling, Verfassungsrecht, 84.

44 Vgl. Stoecker, Hirntod, 3; Vgl. Schockenhoff, Hirntod, 125; Vgl. Denkhaus/Dabrock, Grauzonen, 140; Vgl. Höfling, Tot oder lebendig, 167-168; Vgl. Höfling, Verfassungsrecht, 85.

45 Die Gültigkeit und Wissenschaftlichkeit der Studien wurde allerdings selbst in Zweifel gezogen. Vgl. Patt/Bienek, Organspende bei Hirntoten, 346.

gewisse Restintegration des Organismus auch ohne intakte Gehirnfunktion nachweisbar sei.[46] Jedoch wurde dieser Einwurf stets mit der Argumentation entkräftet, es handle sich bei diesen Phänomenen lediglich um den Ausdruck eines rein vegetativen „Restzustands menschlichen Lebens" ohne Möglichkeit eines personalen Austausches mit der Umwelt.[47] Hirntod entspricht demnach auch dann dem tatsächlichen Ableben eines Menschen, selbst wenn dessen leibliche Integrationsfähigkeit noch nicht gänzlich verloren gegangen ist.[48]

2.2.1 Bundesärztekammer und Deutsche Stiftung Organspende

Die Bundesärztekammer (BÄK) sowie die Deutsche Stiftung Organtransplantation (DSO) sind zwei überregional und bundesweit arbeitende Verbände, welche sich in besonderem Maße für die Gültigkeit des HTK als unmissverständliches Todeskriterium eines Menschen aussprechen. Während sich die BÄK als Hauptvertreter der Interessen des ärztlichen Berufsstandes sieht und sich deshalb in erster Linie um berufsrechtliche Pflichten und Rechte der Ärzteschaft (auch im Hinblick auf das ethisch, rechtlich und moralisch richtige Handeln in Bezug auf die Organspende) kümmert, fungiert die DSO als gemeinnützige Stiftung und übergeordnete Koordinierungsstelle für die postmortale Organspende in Deutschland, wozu sie durch das Transplantationsgesetz (TPG) ausdrücklich ermächtigt ist. Die DSO hat es sich dabei selbst zum Ziel gesetzt, einerseits eine möglichst große Anzahl organbedürftiger Menschen mit einem Spenderorgan zu versorgen und andererseits durch transparente Öffentlichkeitsarbeit das mancherorts herrschende Misstrauen gegenüber der Organspendepraxis auszuräumen. Auch die BÄK leistet durch die Erstellung von Richtlinien, welche die Regelungen des TPG (z.B. den Ablauf der Hirntoddiagnose) aus medizinisch-wissenschaftlicher Sicht in die Praxis überführen sollen, ihren Beitrag zur Umsetzung der postmortalen Organspende in Deutschland.[49] Ein Beispiel hierfür ist der bereits nach der Erstfassung des TPG 1997 erteilte Auftrag an die BÄK, nach TPG §3 Abs. 1 Nr. 2 die Regeln für eine valide Hirntoddiagnose stets an die aktuellen medizinischen Erkenntnisse anzupassen.[50] Dass die BÄK infolgedessen 1998 in ihrer „Richtlinie zur Feststellung des Hirntods"

---

46 Vgl. Klinnert, Über Leben entscheiden, 304-305; Vgl. Stoecker, Hirntod, 3.

47 Vgl. Patt/Bienek, Organspende bei Hirntoten, 345-346.

48 Vgl. Klinnert, Über Leben entscheiden, 316-318.

49 Vgl. www.bundesaerztekammer.de/ueber-uns/aufgaben/ (Abruf am 18.07.19.);
Vgl. www.dso.de/dso/über-die-dso (Abruf am 18.07.19).

50 Vgl. www.gesetze-im-internet.de/tpg/TPG.pdf (Abruf am 19.07.19).

zusätzlich verfügte, dass das Attribut „hirntot" mit dem Tod eines Menschen gleich-zusetzen sei, was das TPG jedoch zuvor offen gelassen hatte, wurde teilweise zu-nächst kritisch gesehen und als Kompetenzüberschreitung angemahnt.[51] In der ak-tuellsten Fortschreibung der Richtlinie bestätigt die BÄK erneut, dass der irrever-sible Hirnfunktionsausfall (IHA) ein sicheres Todeskriterium darstellt und es bis-lang keinen Fall gäbe, bei dem sich die richtliniengetreue IHA-Diagnostik[52] rück-wirkend als falsch herausgestellt hat.[53] In der Richtlinie geht die interdisziplinär besetzte Expertenkommission auch auf prominente Anfragen an den IHA als To-deszeichen ein und entkräftet diese.[54] Letztendlich bleibt die BÄK in Person von Heinz Angstwurm bei der Meinung, dass einem Menschen mit endgültigem und vollständigem Ausfall seiner Hirntätigkeit jegliche „körperliche Grundlage für alles Geistige" (z.B. Bewusstsein oder Persönlichkeit) fehle, seine Organe nicht mehr ohne externe Hilfe funktionieren und ohne Gehirnfunktion nicht mehr zu einer Ein-heit integriert werden könnten.[55] Kritisiert wird an der Haltung des BÄK und der DSO, die grundsätzlich hinter den Ansichten der BÄK steht, eine mangelnde Trans-parenz und Ignoranz gegenüber berechtigten Einwänden aus dem Bereich der

---

51 Vgl. Neuefeind, Ethik, Recht und Politik, 73-75; Vgl. Denkhaus/Dabrock, Grauzonen, 139.

52 Die Diagnose eines IHA erfolgt in einem dreistufigen, standardisierten Prozess: In einem ers-ten Teilschritt gilt es, die Art der vorliegenden schweren Hirnschädigung zu überprüfen, um ausschließen zu können, dass alternative Erkrankungen typische Hirntodsymptome vortäu-schen. Im zweiten Schritt muss ein tiefes Koma, das Fehlen sämtlicher Hirnstammreflexe (z.B. Pupillenreiz, Würgereflex) sowie Atemstillstand (Apnoe) festgestellt werden, bis in ei-nem dritten Schritt ein Irreversibilitätsnachweis durch apparative Diagnostik (EEG usw.) und/oder Beobachtungszeit (in der es zu keiner Veränderung der klinischen Symptome Koma, Hirnstamm-Areflexie und Apnoe kommt) erbracht werden muss. Vgl. Patt/Bienek, Or-ganspende bei Hirntoten, 347-348; Vgl. Brandt/Angstwurm, Irreversibler Hirnfunktionsaus-fall, 677.

53 Vgl. Brandt/Angstwurm, Irreversibler Hirnfunktionsausfall, 675; 679.

54 Argument 1: Weitere Körperfunktionen (z.B. Verdauung, Temperaturregulation) bleiben nach IHA vorhanden, Gegenargument 1: Restintegration der Organe wird nur durch externe künstliche Aufrechterhaltung des Herz-Kreislaufsystems ermöglicht und beruht nicht mehr auf Spontanität und Selbständigkeit des Patienten; Argument 2: Zweifel an konstituierender und zentraler Bedeutung des Gehirns für die Lebensfähigkeit eines Menschen, Gegenargu-ment 2: Gehirn als zentraler Integrator aller Organfunktionen; Argument 3: Reaktion des Körpers auf Umweltreize auch ohne funktionierendes Gehirn, Gegenargument 3: Irreversib-ler Verlust der Wahrnehmung und der bewussten Reaktion auf Umweltreize, lediglich passi-ver Umweltbezug; Argument 4: Missbrauch des IHA zur leichteren und schnelleren Beschaf-fung von Transplantaten; Gegenargument 4: Beschreibung des IHA als sicheres Todesmerk-mal unabhängig von Organspendepraxis. Vgl. Brandt/Angstwurm, Irreversibler Hirnfunkti-onsausfall, 679-680.

55 Vgl. Brandt/Angstwurm, Irreversibler Hirnfunktionsausfall, 679; Vgl. Patt/Bienek, Organ-spende bei Hirntoten, 349.

Philosophie, der Theologie oder der Anthropologie.[56] Es existiert der Vorwurf, die Medizin beanspruche in dieser Frage ein Monopol und halte sich allein für ausreichend kompetent, um die Gültigkeit des HTK final zu bewerten. Die im Raum stehende Frage des Missbrauchs dieser Deutungshoheit zu eigenen Zwecken (mehr Prestige und Finanzen für die Transplantationsmedizin, Sicherung der eigenen Daseinsberechtigung) ist ein Kritikpunkt, der sich in der öffentlichen Wahrnehmung hartnäckig hält.[57] Im Abstract der aktuellen Fortschreibung der Richtlinie zum IHA räumt die BÄK allerdings durchaus auch die Möglichkeit anderer, in ihren Augen wohl aber weniger relevanter Sichtweisen ein.[58]

2.2.2 Evangelische Kirche Deutschland und Deutsche Bischofskonferenz

Mit der gemeinsamen Erklärung der Deutschen Bischofskonferenz (DBK) und des Rates der Evangelischen Kirche Deutschland (EKD) zur Organtransplantation von 1990 bekennen sich die beiden christlichen Großkirchen klar zum Hirntod als definitives und sicheres Zeichen des Todes eines Menschen. So wird in der gemeinsamen Erklärung nicht nur der wissenschaftlich einwandfreie Beleg der definitiven Unumkehrbarkeit des Hirntodes[59] konstatiert, sondern auch der Nachweis des Hirntodes als „Nachweis eines bestehenden Sachverhalts" und nicht als Prognose oder Vorwegnahme eines möglicherweise zukünftigen Zustands oder als rein juristisch relevantes Todeskriterium angesehen. „Hirntod bedeutet ebenso wie der Herztod den Tod eines Menschen" (DBK/EKD, Erklärung zur Organtransplantation, 10) – so wird es deutlich formuliert, auch wenn durchaus eingeräumt wird, dass der Herztod als irreversibles Herz-Kreislaufversagen in phänomenaler Hinsicht leichter begreifbar ist als der zeitlich vorgelagerte Hirntod.[60] In ihrer Begründung folgen DBK und EKD den beiden gängigen Begründungsmustern, indem sie den Hirntod einerseits (ähnlich wie Angstwurm im vorherigen Kapitel) mit dem Verlust der körperlichen Voraussetzungen für die humanspezifische Geistigkeit identifizieren und andererseits organismustheoretisch argumentieren und die durch den Hirntod eingetretene verlorene Steuer- und Integrationsfähigkeit des Organismus

---

56   Denkhaus und Dabrock bezeichnen es als „Politik der Halbwahrheiten und Beschwichtigungen". Vgl. Denkhaus/Dabrock, Grauzonen, 138.

57   Vgl. Denkhaus/Dabrock, Grauzonen, 138; Vgl. Dabrock, Tot oder lebendig, 15.

58   Vgl. Brandt/Angstwurm, Irreversibler Hirnfunktionsausfall, 675.

59   Dieser wird i.d.R. durch apparative Diagnostik, Verlaufsbeobachtungen und die Untersuchungsdurchführung durch zwei von einer ggf. folgenden Transplantation unabhängige Ärzte sichergestellt.

60   Vgl. DBK/EKD, Erklärung zur Organtransplantation, 10.

feststellen.[61] Demnach besteht also grundsätzlich konfessionelle Einigkeit darüber, dass die Bereitschaft des Einzelnen im Falle selbst erlittenen Hirnversagens für eine postmortale Organspende zur Verfügung zu stehen, ein Zeichen der Nächstenliebe und einen barmherzigen Akt der Solidarität mit Kranken und Notleidenden darstellt, der Anerkennung verdient.[62] Allerdings lässt sich daraus keine moralische Pflicht zur Organspende ableiten, da eine „Spende" per Definition lediglich freiwillig und ohne finanzielle, soziale oder moralische Zwänge erfolgen darf, sodass auch die Möglichkeit des Verneinens der eigenen Organspendebereitschaft nicht nur gesetzlich verankert, sondern auch in christlicher Hinsicht legitim und ethisch vertretbar ist.[63] Dennoch betonen DBK und EKD, dass eine zu Lebzeiten getroffene Entscheidung zur postmortalen Organspende zu Entlastung und Trost der Angehörigen des Verstorbenen beiträgt, die von einer eigenen Entscheidung befreit werden und in der posthumen Hilfsbereitschaft des Organspenders und der möglichen Rettung eines anderen Menschenlebens wenigstens teilweise einen Sinn in ihrem Verlust ausmachen können.[64]

Die „Goldene Regel" (Lk 6,31), die den Gedanken der Reziprozität beinhaltet, ist ein biblisches Prinzip, welches man zudem zur generellen Befürwortung der Organspende seitens der Kirche ins Feld führen könnte. Auch eine Exegese des Gleichnisses vom barmherzigen Samariter (Lk 10,25-37) könnte solch eine Position stützen,[65] wenngleich eine mögliche Entscheidung zur Organspende stets zwanglos „aus evangelischer Freiheit" (Klinnert, Über Leben entscheiden, 322) resultieren sollte. Des Weiteren ist es einigen Vertretern der Kirchen, wie z.B. Nikolaus Schneider in seinem „Geistlichen Wort zur Organspende", ein Anliegen, mögliche Ängste der Gläubigen im Hinblick auf die Organspende auszuräumen. So versichert Schneider, dass durch die postmortale Organexplantation weder Totenruhe noch Menschenwürde des Toten verletzt werde und auch die christliche

---

61 Vgl. a.a.O., 11.

62 Dass es bezüglich der Frage der Organspende auch zu abweichenden Meinungen, z.B. in einigen freikirchlichen Denominationen, kommt und was die Gründe dafür sind, wird in Kapitel 2.3.4. genauer erläutert.

63 Vgl. Dabrock, Tot oder lebendig, 14; Vgl. Schneider, Geistliches Wort, 1; Vgl. Klinnert, Über Leben entscheiden, 321.

64 Vgl. DBK/EKD, Erklärung zur Organtransplantation, 11; Vgl. Schneider, Geistliches Wort, 1.

65 So wird in Lk 10,25-37 der Aspekt betont, dass letztendlich jeder Mensch (und nicht nur Freunde oder Familie) hilfsbedürftiger Nächster ist, während in Lk 6,31 hinsichtlich der Organspende der Gedanke abgeleitet werden kann, dass jeder, der im medizinischen Bedarfsfall selbst auf eine lebensrettende Organspende zurückgreifen würde, zur Spende bereitstehen sollte. Vgl. Klinnert, Über Leben entscheiden, 320-322.

Auferstehungshoffnung nicht an einen körperlich unversehrten Leichnam geknüpft sei.[66] Auch wenn der Philosoph Dieter Birnbacher mit seiner zugespitzten
Formulierung, es ist „sicher christlicher, die eigenen Organe [zur Rettung von Le-
ben] zu verwenden [...], als sie schlicht verrotten zu lassen" (Klinnert, Über Leben
entscheiden, 322), einen wichtigen Punkt trifft, darf trotzdem nicht vernachlässigt
werden, die berechtigten Anfragen und Unsicherheiten der Menschen bei diesem
Thema ernst zu nehmen.

2.2.3 Eberhard Schockenhoff

Der römisch-katholische Priester und Professor für Moraltheologie Eberhard Schockenhoff, der seit 2001 auch als Mitglied des Deutschen Ethikrates (DER) fungiert,
hält den Hirntod eines Menschen für ein sicheres Anzeichen für den Eintritt seines
Todes.[67] Das HTK stellt seiner Meinung nach ein gültiges Todeskriterium und nicht
nur ein formales Kriterium für die legitime Organentnahme (wie z.B. von Höfling,
Birnbacher oder Dabrock vertreten) dar.[68] Dennoch räumt Schockenhoff ein, dass
es angesichts der spezifischen und von klassischen Leichen abweichenden äußeren
Erscheinung eines Hirntoten (vorhandene Atmung, Körpertemperatur etc.) durchaus emotionale Schwierigkeiten bei den Angehörigen hervorruft, diesen körperlich
noch lebendig wirkenden Menschen als verstorben zu klassifizieren. Dies dürfe
beim pragmatischen Ringen um ein allgemeingültiges Todeskriterium allerdings
keine Rolle spielen.[69] Wichtigste Voraussetzung für Gültigkeit und Akzeptanz des
HTK sind für Schockenhoff eine medizinisch valide und durch standardisiertes Vorgehen abgesicherte Hirntodfeststellung sowie eine anthropologisch plausible Begründung der Konzeption, wobei er zumindest ersteres in Deutschland als gegeben
betrachtet.[70] Er selbst begründet seine Unterstützung des HTK einerseits klassisch
mit den gängigen bewusstseins- und organismustheoretischen Ansätzen,[71] ergänzt
und erweitert diese aber um die These, dass ein Hirntoter deshalb als tot anzusehen sei, weil er keinerlei selbstgesteuerte Eigentätigkeit mehr aufweist (so wird
z.B. die Atmung des Hirntoten ausschließlich durch medizinische Intervention

---

66 Vgl. Schneider, Geistliches Wort, 1; Vgl. Klinnert, Über Leben entscheiden, 319-320.
67 Vgl. Schockenhoff, Hirntod, 122.
68 Vgl. a.a.O., 117; 124; 128; Vgl. Höfling, Verfassungsrecht, 88.
69 Vgl. Schockenhoff, Hirntod, 122-123.
70 Vgl. ebd.
71 Schockenhoff verteidigt hierbei die von einigen HTK-Kritikern in Zweifel gezogene Sonder-
    rolle der Hirnfunktion. Vgl. Schockenhoff, Hirntod, 124-125.

extern substituiert). Schockenhoffs Konzept, welches Lebendigkeit und Leben somit an bestimmte Attribute und Fähigkeiten (wie z.b. selbstständig zu atmen) knüpft, greift daher auf einen systemischen sowie aristotelischen Lebensbegriff[72] zurück und folgt dabei in gewisser Hinsicht der Denkweise des PCB, das 2008 in der Eigenleistung eines Organismus – „an organism's fundamental work" (PCB, Controversies in the Determination of Death, 60) – eine Bedingung für Leben ausgemacht hat.[73]

Für Schockenhoff sind des Weiteren Klarheit, Einheitlichkeit und Eindeutigkeit wichtige Werte innerhalb der Diskussion. So plädiert er hinsichtlich des HTK und der Praxis der postmortalen Organspende für einheitliche Regelungen, die einen Pluralismus an individuellen Todesdefinitionen eindämmen sollen. Für Schockenhoff ist und bleibt der Tod eine soziale Realität, der jeder Mensch gleichermaßen ausgesetzt ist und welche unabhängig von der jeweiligen Interpretation unweigerlich, definitiv und singulär, also genau einmal, eintritt.[74] Zwischenkonzepte wie die von Ralf Stoecker oder Peter Dabrock, die Hirntote als „unumkehrbar Sterbende", aber eben noch Lebende, betrachten, gleichzeitig aber eine Organspende unter bestimmten Voraussetzungen dennoch für legitim erachten, hält er für gefährlich und wenig zielführend. Sie würden das im hippokratischen Eid fixierte ärztliche Tötungsverbot unterwandern und die Hemmschwelle für missbräuchliche Organentnahmen bei (nicht hirntoten) Koma-Patienten möglicherweise herabsetzen.[75] Außerdem tritt Schockenhoff der vorwiegend von Gegnern des HTK (u.a. Dieter Birnbacher) ins Feld geführten Auffassung entgegen, man könne die Situation eines menschlichen Embryos vor erlangter Gehirnreife mit der eines Hirntoten vergleichen, um daraus Rückschlüsse über den jeweiligen Status der Schutzwürdigkeit zu ziehen.[76] Für ihn sind die Annahme einer Symmetrie zwischen Hirntod und

---

[72] Während ein systemischer Lebensbegriff davon ausgeht, dass Leben/Lebendigsein zwingend mit der Fähigkeit zur Selbsterhaltung des Systems (Autopoiesis) einhergehen muss, ist Leben nach Aristoteles mehr als ein bloßer Seienszustand, sondern ein aktives Wirkprinzip. Vgl. Schockenhoff, Hirntod, 128.

[73] Vgl. a.a.O., 126-128.

[74] Vgl. a.a.O., 121-122.

[75] Schockenhoff gilt als Verfechter der „Dead-Donor-Rule", welche er auf keinen Fall aufweichen möchte. Vgl. Schockenhoff, Hirntod, 128-129; 130-131.

[76] Bei dieser Art der Argumentation wird eine Parallele zwischen dem Lebensanfang und Lebensende eines Menschen gezogen. Genauso wie der Embryo (noch) nicht über eigene Hirnaktivität verfügt, ist beim Hirntoten diese (bereits) irreversibel erloschen. Es wird dabei angeregt, dass man hinsichtlich des Lebensschutzes am Lebensanfang sowie am Lebensende

Hirnreife und die damit verbundenen ethischen Implikationen wissenschaftlich nicht haltbar und wenig überzeugend, da ein Embryo im Gegensatz zum Hirntoten trotz (noch) fehlender Hirnfunktion lebensfähig bleibt (und sogar selbstgesteuert wächst) und der Beginn seiner Hirntätigkeit entwicklungsbiologisch abzusehen ist, wohingegen eine Wiedererlangung eines funktionierenden Gehirns beim hirntoten Patienten ausgeschlossen ist.[77]

2.3 Gegner des Hirntodkriteriums

Die Gegner des HTK, welche überwiegend dem nicht fachmedizinischen Bereich zuzuordnen sind, vertreten die Position, dass ein hirntoter Patient noch lebt und demzufolge weiter als solcher zu betrachten und zu bewerten ist.[78] Sie begründen ihre These damit, dass ein Mensch trotz diagnostizierten Hirntodes weiterhin diverse körperliche Restfunktionen zeigt, die den Schluss nahe legen, dass hier trotz externer und künstlicher Lebenserhaltung weiterhin Prozesse individueller Selbsterhaltung ablaufen, die von den HTK-Befürwortern allerdings als nicht personale, rein vegetative Vollzüge menschlichen Lebens abqualifiziert werden.[79] Nicht zuletzt die bereits mehrfach erwähnten und kontrovers diskutierten Studien von Prof. Alan Shewmon, der mit dem Begriff eines möglichen „chronischen Hirntods" den eben nicht zwingend engen kausalen und zeitlichen Zusammenhang zwischen Hirn- und Herztod beschreibt, dienen den Hirntodkonzeptionsgegnern als Ausgangspunkt für ihre These, dass (Rest)Integration des menschlichen Organismus nicht ausschließlich von intakter Gehirntätigkeit, sondern z.B. auch vom Rückenmark abhängig ist. Dem Gehirn wird in ihrer Betrachtungsweise, anders als bei den HTK-Unterstützern, keine Monopolstellung für die zentrale Steuerung des Körpers

---

parallel verfährt, d.h. wird ein Embryo vor erlangter Gehirnreife als „lebend" und somit schutzwürdig qualifiziert, so trifft das auch auf den Hirntoten mit fehlender Gehirnfunktion zu, und umgekehrt. Vgl. Schockenhoff, Hirntod, 129-130.

[77] Vgl. Schockenhoff, Hirntod, 130.

[78] Vgl. Patt/Bienek, Organspende bei Hirntoten, 341.

[79] Mit den angesprochenen körperlichen Restfunktionen sind folgende Phänomene gemeint: Regulierung der Körpertemperatur inklusive Infektionsbekämpfung durch Fieber, Exkremente als Anzeichen für weiterhin intakten Verdauungstrakt, Puls- und Blutdruckerhöhung nach Schmerzreizen, motorische Bewegungen nach taktilen Reizen, Geschlechtsentwicklung und Schwangerschaften bei Hirntoten als Indikator für intaktes hormonelles System usw. Vgl. Patt/Bienek, Organspende bei Hirntoten, 345-346; Vgl. Klinnert, Über Leben entscheiden, 304-305; Vgl. Stoecker, Hirntod, 3-4.

zugestanden.[80] Das Auftreten einiger weniger Einzelfälle von angeblich wieder aus dem Hirntod erwachter Patienten, welches einige Konzeptionsgegner in ihrer Ansicht weiter bestärkt, müsse kritisch und differenziert betrachtet werden, da es sich dabei vermutlich um Fälle handle, in denen bereits im Vorfeld eine nicht korrekte Hirntoddiagnose erfolgt sei.[81] Dass in Person von Wolfram Höfling auch ein führender Jurist und Mitglied des DER verfassungsrechtliche Anfragen an das HTK stellt und dieses kritisiert, zeigt, dass es offenbar nicht nur medizinische, sondern auch ethische und juristische Einwände gegen diese Konzeption gibt. Darüber hinaus sorgt die bereits thematisierte emotional-gedanklich schwierige Nachvollziehbarkeit des Hirntodes (Atmung, Temperatur oder auch der Umstand, dass Hirntote bei der Explantation ihrer Organe narkotisiert werden) bei vielen Menschen für ein Gefühl von Unbehagen, welches sie am HTK und seinen Implikationen zweifeln lässt.[82]

Mit einer Abkehr vom HTK als sicheres Todeskriterium würde sich allerdings weiterer Klärungsbedarf ergeben und es würden Folgeanfragen an die Praxis der Organspende entstehen, die beantwortet werden müssten. Durch eine Entkopplung von Tod und Hirntod wäre ein Hirntoter als lebender Mensch anzusehen, sodass eine, dann nicht mehr „postmortale", Entnahme lebenswichtiger Organe folglich einer Tötung gleichkommen würde. Da dies unweigerlich medizinische sowie rechtliche Konflikte hervorruft, werden innerhalb der Riege der HTK-Kritiker zwei mögliche Lösungsvorschläge für dieses drohende Dilemma unterbreitet und diskutiert: Zum einen ein striktes **Verbot sämtlicher Organentnahmen** von hirntoten Patienten (so bei Hans Jonas oder Andreas Brenner), zum anderen eine pragmatisch motivierte **Abkehr von der „Tote-Spender-Regel"** („Dead-Donor-Rule"), die eine Fortsetzung der Organspenden durch Degradierung des HTK zum reinen Entnahmekriterium ermöglichen würde (so z.B. Birnbacher, Truog, Dabrock).[83]

---

[80] Vgl. Patt/Bienek, Organspende bei Hirntoten, 346; 350; Vgl. Klinnert, Über Leben entscheiden, 304-305; Vgl. Stoecker, Hirntod, 3.

[81] In einigen Ländern wie z.B. Großbritannien findet ein sogenanntes „Teilhirntodkriterium" Anwendung, welches bei Menschen mit ausgefallenem Hirnstamm, aber noch intaktem Groß- und Kleinhirn bereits als „hirntot" klassifiziert. Dieses Konzept ist deutlich anfälliger für unzutreffende Hirntoddiagnosen. In Deutschland dagegen wären laut Patt/Bienek Fälle, in denen sich eine gestellte Hirntoddiagnose im Nachhinein als falsch erweist, äußerst unwahrscheinlich. Vgl. Patt/Bienek, Organspende bei Hirntoten, 346-348.

[82] Vgl. Schockenhoff, Hirntod, 119; Vgl. Patt/Bienek, Organspende bei Hirntoten, 345.

[83] Vgl. Klinnert, Über Leben entscheiden, 306-308.

2.3.1 Wolfram Höfling

Wolfram Höfling nimmt aus juristischer bzw. verfassungsrechtlicher Sicht Stellung zur Debatte um das HTK. Bereits im Titel seines Beitrags macht er mit dem juristischen Terminus „tertium non datur", d.h. ein Drittes ist nicht gegeben bzw. ausgeschlossen, deutlich, dass er die theoretische Konstruktion eines Zwischenzustandes zwischen Leben und Tod zur leichteren Einordnung des Hirntod-Phänomens entschieden ablehnt.[84] Der Todesbegriff wird im Grundgesetz als Verneinung des Gegenteils ausgelegt, also als „Nicht-mehr-Leben", sodass das Recht lediglich zwischen Leben und Tod eines Menschen unterscheidet, jedoch keinen rechtlich relevanten Übergangsstatus akzeptiert.[85] Der Hirntod, der sich zwar als technisch fixierbarer Übergangszustand im irreversiblen Sterbeprozess eines Menschen wahrnehmen lässt, zählt für Höfling demnach zweifelsfrei weiterhin zum Bereich des Lebens, sodass für ihn ein hirntoter Patient einen lebenden, wenn auch sterbenden Menschen darstellt.[86] Insofern ist es nicht überraschend, dass Höfling das HTK für nicht verfassungskonform erachtet, da es mit dem in Art. 2 Abs. 2 Satz 1 GG zugesicherten Recht auf Leben und körperlicher Unversehrtheit nicht vereinbar sei. Der im Grundgesetz (GG) verwendete Lebensbegriff knüpft Leben und Lebendigkeit nach Höfling nicht an charakteristische Leistungen der Kognition oder der Psyche (wie z.B. Bewusstsein oder Interaktion mit der Umwelt), sodass auch jenes Leben, welches primär aus biologischen Stoffwechselprozessen besteht, die gleiche und uneingeschränkte Schutzwürdigkeit genießt wie das Leben und „Person-Sein" eines Nicht-Hirntoten. Im verfassungsrechtlichen Sinne existiert kein „lebensunwertes Leben", sondern jeder, der lebt, in welcher Form auch immer, hat auch das Recht dazu.[87] Nach Höflings eigener Aussage aus dem Jahr 2003 findet solch eine durch das GG gestützte Kritik am HTK in Deutschland breite Zustimmung.[88]

---

[84] Vgl. Höfling, Tot oder lebendig, 163; Vgl. www.proverbia-iuris.de/tertium-non-datur/ (Abruf am 23.07.19).

[85] Vgl. Höfling, Tot oder lebendig, 166-167.

[86] Vgl. Höfling, Verfassungsrecht, 87.

[87] Vgl. Höfling, Tot oder lebendig, 169; Vgl. Höfling, Verfassungsrecht, 85-86.

[88] Vgl. Höfling, Verfassungsrecht, 87.

Da Höfling überdies eine organismustheoretische Begründung des HTK ablehnt, da ein hirntoter Mensch mit teilweise erhaltenen biologischen Körperfunktionen für ihn als Lebender gilt und er die Ergebnisse des PCB von 2008 als Widerlegung der „illusionären Selbsttäuschung" (Höfling, Tot oder lebendig, 169) einiger Unterstützer des HTK wertet, kommt das HTK für ihn allerhöchstens[89] als formales Entnahmekriterium in Frage.[90]

2.3.2 Hans Jonas

Der Philosoph Hans Jonas war einer der ersten, der sich nach der erstmaligen Verabschiedung des HTK durch die Harvard Medical School im Jahre 1968 gegen die Fixierung des Hirntodes als neues Todeskriterium aussprach.[91] Er prangerte dabei vor allem an, dass das neue HTK ein definitorischer Winkelzug sei, der sich unter rein pragmatischen Gesichtspunkten allein an den Interessen der Transplantationsmedizin orientiere und diese dorthingehend vertrete, dass eine legale Umsetzung von Organexplantationen bei den nun für tot erklärten hirntoten Patienten zukünftig möglich werde.[92] Eine derartig interessensgeleitete Umdeutung des Todesbegriffs hielt er für manipulativ und unglaubwürdig.[93] Jonas geht davon aus, dass man Leben und Tod nicht eindeutig genug voneinander abgrenzen kann, sodass er den Zustand eines als „Hirntod" bezeichneten irreversiblen Komas zwar als hinreichende Bedingung für die rechtskonforme passive Einstellung lebenserhaltender Maßnahmen akzeptiert, jedoch die daraus resultierende Zulässigkeit der aktiven Organentnahme kategorisch ausschließt. Er sieht Hirntote als lebende Individuen an, denen, wie allen anderen Menschen, ein Recht auf körperliche Unversehrtheit zukommt und deren Leben unter keinen Umständen gegenüber des Lebens potentieller Organempfänger aufgerechnet und abgewertet werden darf.[94] An den Aussagen von Hans Jonas wurde kritisiert, dass er in seinen Äußerungen scheinbar den Anschein erwecke, die mit dem Hirntod verbundenen Unsicherheiten seien sachlicher Natur. Bei der Frage um das HTK gehe es allerdings nicht

---

[89] In seinem Beitrag aus dem Jahr 2012 verzichtet er sogar darauf, auf mögliche konkrete Konsequenzen für die Organspende in Deutschland einzugehen. Vgl. Höfling, Tot oder lebendig, 169.

[90] Vgl. Höfling, Verfassungsrecht, 87-88.

[91] Vgl. Jonas, Gehirntod, 219.

[92] Vgl. Schockenhoff, Hirntod, 119-120; Vgl. Jonas, Gehirntod, 219-221.

[93] Vgl. Birnbacher, Beispiel der Organtransplantation, 2.

[94] Vgl. Klinnert, Über Leben entscheiden, 306-307; Vgl. Jonas, Gehirntod, 220-221.

darum, ob ein als hirntot diagnostizierter Mensch womöglich doch wieder ins Leben zurückkehren könne[95], sondern vielmehr um die unterschiedlichen ethischen Implikationen und Deutungen, die dieser Zustand erfordere.[96] Außerdem wurde angemerkt (so z.B. von Dieter Birnbacher), dass auch eine pragmatische Herangehensweise an die Thematik der Organspende ihre Berechtigung besitze.[97]

2.3.3 Andreas Brenner

Als ein weiterer entschiedener Gegner der postmortalen Organspende ist der Schweizer Bioethiker und Philosoph Andreas Brenner zu nennen, der in einem Interview mit der Aargauer Zeitung von 2011 die Frage, ob ein hirntoter Mensch tot sei, verneint.[98] Die erheblichen und unumkehrbaren Schäden des Gehirns, die ein Hirntoddiagnostizierter erlitten hat, haben zwar die Funktionsfähigkeit seines Hirns massiv beeinträchtigt bzw. sogar vollständig ausgelöscht, würden ihn allerdings nicht zum Toten machen. Brenner stört sich bei der Konstruktion des HTK am seines Erachtens nach zu starkem Fokus auf der Rolle des Gehirns, dessen intakte Struktur und Funktion bei der Konzeption als einzig maßgeblicher Faktor für Tod oder Leben berücksichtigt werde. Der Mensch werde so „auf mentale, neuronale Kapazitäten reduziert" (Brenner, Leichenspende, 1).[99] In Folge seiner Ablehnung des HTK plädiert Brenner dafür, die Praxis sogenannter „Leichenspenden"[100] konsequent zu unterbinden. Er begründet dies zunächst damit, dass erst durch die tatsächliche Entnahme der Organe während der Explantations-OP der finale (biologisch nachweisbare) Tod des Patienten eintritt. Gerade im Hinblick darauf, dass das HTK sehr kontrovers diskutiert wird und die im Zentrum stehende Identifikation von Hirntod mit dem Tod eines Menschen umstritten ist, hält er es für

---

95 Im Grunde genommen sind sich sowohl Gegner als auch Befürworter des HTK in diesem Punkt größtenteils einig. Ein erlittener und korrekt diagnostizierter Hirntod ist ein sogenannter „point of no return". Lediglich die Deutung eines Hirntoten als „tot" oder „lebendig" und der Umgang mit diesem Krankheitsbild variiert. Vgl. Birnbacher, Beispiel der Organtransplantation, 2.

96 Vgl. Birnbacher, Beispiel der Organtransplantation, 2.

97 Vgl. a.a.O., 2-3.

98 Vgl. www.aargauerzeitung.ch/kultur/philosoph-fordert-die-leichenspende-sollte-verboten-werden-111635677 (Abruf am 24.07.19). Im Folgenden mit „Vgl. Brenner, Leichenspende" abgekürzt.

99 Vgl. Brenner, Leichenspende, 1.

100 Mit dem Gebrauch des Begriffs „Leichenspende" möchte Brenner hier vermutlich den Umstand betonen, dass eine Spende lebenswichtiger Organe nach zuvor diagnostiziertem Hirntod unweigerlich den tatsächlichen Tod des Explantierten nach sich zieht.

problematisch, dass die postmortale Organspende zwangsläufig mit einer aktiven, von Ärzten durchgeführten Tötungshandlung einhergehe. Eine Aufweichung der „Dead-Donor-Rule" zugunsten eines sogenannten „gerechtfertigten Tötens" (justified killing) (so z.B. in den USA angedacht) widerspräche nicht nur dem hippokratischen ärztlichen Tötungsverbot, sondern öffne auch einer willkürlichen und missbräuchlichen Anwendung dieser Regelung Tür und Tor.[101] In einer Linie mit zu Hans Jonas warnt Brenner des Weiteren davor, das Leben hirntoter Patienten in unzulässiger Weise gegenüber den Leben potentieller Organempfänger abzuwerten. Brenner fordert, dass der Gesetzgeber durch ein konsequentes Verbot postmortaler Organspenden, sämtlichen moralischen Druck (sich zur Organentnahme nach Hirntod verpflichtet zu fühlen) von den Bürgerinnen und Bürgern fernhält und jegliche wirtschaftlich orientierte Einflussnahme (seitens der Transplantationsmedizin) verhindert.[102] Zudem übt Brenner Kritik an der Gesellschaft, die das mögliche Schicksal unheilbarer Erkrankungen nicht annehme, sondern in einer „Kultur der Machbarkeit und Käuflichkeit" (Brenner, Leichenspende, 1) weiterhin auf die Möglichkeit lebensverlängernder Organspenden beharrt und pocht.[103] Gerade letzterem Einwand wurde stark widersprochen, da das menschliche Bedürfnis nach einem möglichst langen und gesunden Leben berechtigt und nicht unmoralisch sei, auch wenn es durch die (freiwillige) Organspende anderer Menschen realisiert wurde.[104]

2.3.4 Peter Beck

Eine weitere interessante Gegenposition zur postmortalen Organspendepraxis nimmt der ehemalige Chefarzt eines norddeutschen Transplantationszentrums Dr. med. Peter Beck ein.[105] Diese ist insofern bemerkenswert, da Beck einst selbst als Transplantationsmediziner tätig war und mittlerweile gegen das HTK argumentiert. Dies tut er dabei einerseits aus medizinischer Perspektive, andererseits flechtet er als freikirchlicher Christ auch theologisch-biblische Verweise in die

---

[101] Vgl. Brenner, Leichenspende, 1.
[102] Vgl. a.a.O., 1; Vgl. Klinnert, Über Leben entscheiden, 307.
[103] Vgl. Brenner, Leichenspende, 1.
[104] Vgl. Klinnert, Über Leben entscheiden, 307; 319.
[105] Vgl. www.feg-ihne.de/index.php?article_id=84 (Abruf am 25.07.19).

Diskussion ein, wobei er sich von der Position der Großkirchen abgrenzt.[106] Beck thematisiert zunächst ganz allgemein, dass jede Organspende, ob postmortal oder als Lebendspende vollzogen, zwangsläufig mit einer i.d.R. lebenslangen Medikation des Organempfängers mit Immunsuppressiva einhergeht, welche eine körpereigene Abstoßung des fremden Spenderorgans verhindern soll. Durch Immunsuppression wird die Funktion des Immunsystems herabgesetzt, um eine Schädigung der Transplantate durch die körpereigene Abwehr zu unterbinden. Dabei kann es zu unerwünschten Nebenwirkungen wie einer stärkeren Infektanfälligkeit, zur Steigerung des Risikos einer Krebserkrankung (vor allem Hauttumore), aber auch zur pathologischen Erhöhung von Blutdruck oder Blutzuckerspiegel kommen.[107] Beck bemängelt hierbei, dass die mitunter schwerwiegenden Nebenwirkungen der notwendigen postoperativen Immunsuppressivatherapie im öffentlichen Diskurs um die Organspende nur unzureichend Erwähnung finden und wünscht sich einen transparenten Umgang damit. Vor- und Nachteile der Organspende sollten seiner Meinung nach in aller Ausführlichkeit und ohne Wertung dargestellt werden. Spezielle Schulungen, bei welchen Ärzten Gesprächstechniken nahegebracht werden, um Angehörige Hirntoter zur Zustimmung zur postmortalen Organspende zu bewegen, lehnt er ab.

Er tritt des Weiteren als Gegner des HTK auf, da ein Hirntoter seiner Ansicht nach nicht als tot anzusehen ist, weil die bei Hirntoten verbliebenen biologischen Phänomene wie Immunabwehr, Wundheilung oder Anstieg der Adrenalinausschüttung infolge von Schmerzreizen den Schluss zulassen, es sei noch ein „Rest-Ich", eine verbleibende Persönlichkeit, im Hirntoten vorhanden, die Schmerz empfinden und körpereigene von körperfremden Zellen unterscheiden könne. Dass bei der Hirntoddiagnostik lediglich der Ausfall von Großhirn, Kleinhirn und Hirnstamm, nicht aber von Hypothalamus oder Hypophyse Berücksichtigung findet und dem Gehirn bei der Bewertung von Tod und Leben eines Menschen eine zu zentrale Rolle zukommt, sind weitere Gründe für seine Ablehnung des HTK. Gerade zu letzterem Punkt argumentiert Beck biblisch und vertritt die These, dass für Gott das Gehirn nicht das wichtigste Organ darstelle, sondern der Mensch nach 1 Thess 5,23 zu gleichwertigen Teilen aus Geist, Seele und Leib bestehe. Für Beck ist ein Mensch

---

[106] Die Aussagen von Dr. med. Peter Beck entstammen einem Vortrag im Rahmen einer Veranstaltung der Organisation „Christen im Beruf" vom 23.02.2019 bei Neu-Ulm. Die Verwendung des Materials wurde mir autorisiert und der Audio-Mitschnitt zugänglich gemacht.

[107] Vgl. www.transplantation-verstehen.de/etappen/die-ersten-monate/immunsuppressiva (Abruf am 25.07.19).

erst dann tot, wenn die Zirkulation seines Blutes durch den Körper irreversibel zum Erliegen gekommen ist. Dabei verweist er auf Lev 17,11: „Denn des Leibes Leben ist in seinem Blut[...]" (Luther 2017). Im Hinblick auf die medizinische Praxis moniert er außerdem, dass hinsichtlich der Definition des Todes eines Menschen mit zweierlei Maß gemessen werde. Während ein Sanitäter im Notdienst auf der Straße dazu verpflichtet sei, Reanimationsmaßnahmen bis zum definitiven Herztod zu vollziehen, werde im Transplantationszentrum bereits der Hirntod als Kriterium für die Todeserklärung eines Menschen akzeptiert.

Ein weiteres gewichtiges Argument gegen die Organspende ist für Beck, dass aus biblischer Sicht der Körper einem nicht selbst gehöre, sondern ein Geschenk Gottes darstelle,[108] sodass Menschen nicht dazu autorisiert seien, den Körper oder Teile davon zu spenden. Abschließend geht er auf den medizinischen Fachbereich der sogenannten „Transplantationspsychosomatik" ein, welcher sich vor und nach einer Transplantations-OP um die psychischen Belange von Organempfänger und Organspender (im Falle von Lebendspenden) kümmern soll. Beck gibt an, dass viele Patienten, die auf den baldigen Erhalt eines Spenderorgans angewiesen sind, insgeheim auf den Hirntod eines potentiellen Organspenders hofften und somit das zehnte Gebot „du sollst nicht begehren deines Nächsten [...]" (Ex 20,17) antasten würden. Dies führe möglicherweise zu Schuldgefühlen beim Organempfänger wie auch die Tatsache wohl überfordere, dass nach der Transplantation das Herz eines anderen Menschen in der eigenen Brust schlägt. Das dafür eine psychologische Betreuung angeboten werde, sieht Beck als weiteres Indiz für die Unnatürlichkeit der Organspende, die dem Schöpferwillen nicht entspräche. Wie bereits Brenner stellt auch Beck die kritische Frage, ob man alles medizinisch Machbare ausreizen sollte, um das Leben von Menschen künstlich zu verlängern, insbesondere wenn dafür auf umstrittene Konstruktionen wie das HTK zurückgegriffen werden müsse. Beck versteht sich dennoch nicht als „Hardliner" mit dogmatischem Anspruch auf Allgemeingültigkeit, sondern plädiert dafür, dass sich jeder selbst seine Meinung zu diesem Thema bildet und sich dabei von seinem persönlichen Gewissen und weniger von den Vorgaben kirchlicher oder juristischer Institutionen leiten lassen soll.

---

[108] Vgl. 1Kor 6,19: „Oder wisst ihr nicht, dass euer Leib ein Tempel des Heiligen Geistes ist, der in euch ist und den ihr von Gott habt, und dass ihr nicht euch selbst gehört?" (Luther 2017).

2.4 Zwischenpositionen zum Hirntodkriterium

Nachdem nun sowohl Befürworter als auch Gegner des HTK ausführlich zu Wort gekommen sind, soll mit Dieter Birnbacher, Peter Dabrock und Ralf Stoecker das Augenmerk auf drei Persönlichkeiten gelegt werden, die sich differenziert mit der HTK-Problematik auseinandergesetzt haben und jeweils eine Art Zwischen- oder Kompromissposition dazu vertreten.

2.4.1 Dieter Birnbacher

Dieter Birnbacher sieht sich als Philosoph im Kontext der HTK-Debatte in der Rolle des Vermittlers zwischen Befürwortern und Gegnern der Hirntoddefinition, dem die Aufgabe zukommt, einen pragmatischen Kompromiss zu stiften. Ihm ist es zunächst ein Anliegen, bestehende Vorurteile auszuräumen und deutlich zu machen, dass sich beide Streitparteien in ihrer Argumentation teilweise auf Fakten berufen, welche die Realität nicht zutreffend abbilden. Während die medizinischen Unterstützer die Definition des HTK zu einer naturwissenschaftlich-belegbaren Gesetzmäßigkeit hochstilisieren, ziehen manche Hirntod-Skeptiker (z.B. Hans Jonas) die Irreversibilität eines erlittenen Hirntods in Zweifel. Birnbacher betont, dass ein Mensch mit Hirntod-Diagnose zwar empirisch zweifelsfrei und unwiederbringlich sein Bewusstsein und personales Leben verloren habe, dass allerdings die Assoziation dieses Zustandes mit dem tatsächlichen Tod dieses Menschen keine naturwissenschaftliche, sondern eine rein definitorische Frage darstellt, die es zu diskutieren gelte.[109]

Birnbacher selbst vertritt die Position, dass das HTK im Hinblick auf das irreversible Ende des Bewusstseinslebens, welches den sogenannten „mentalen Tod" eines Menschen markiert, durchaus plausibel ist. Ein Hirntoter ohne Bewusstseinsfähigkeit kann aus bewusstseinstheoretischer Perspektive als tot erachtet werden. Jedoch schränkt er ein, dass das HTK hinsichtlich des „echten", organisch-biologischen Todes nicht als adäquates und überzeugendes Todeskriterium standhält, weil sich im Körper eines Hirntoten eben nach wie vor Restvollzüge biologischen Lebens beobachten lassen.[110] Obwohl Birnbacher einer solchen organismustheoretischen Lebens- und Todesdefinition, die das Vorhandensein von Leben rein an

---

[109] Vgl. Birnbacher, Beispiel der Organtransplantation, 1-2.
[110] Vgl. Birnbacher, Hirntod, 474-475.

vorliegende biologische Prozesse knüpft, mehr Gewicht beimisst,[111] stuft er das Bewusstseinsleben eines Menschen als qualitativ hochwertiger ein. Dessen Wahrung sei somit moralisch höher zu bewerten, was sich bereits daran zeige, dass die jeweilig vorliegende Bewusstseinsfähigkeit seiner Meinung nach direkt mit der entsprechenden Schutzwürdigkeit des menschlichen Individuums zu korrelieren scheint.[112]

Als praktische ethische Implikation folgt daraus nach Birnbacher, dass ein hirntoter Mensch zwar unter organisch-biologischen Gesichtspunkten noch nicht als tot anzusehen sei, aber dennoch als Organspender (Zustimmung vorausgesetzt) herangezogen werden dürfe. Eine Organentnahme und der dadurch eintretende finale Tod entspricht keiner zeitlichen Beschränkung seines qualitativ hochwertigeren Bewusstseinslebens.[113] Das HTK fungiert dann nicht mehr als allgemeingültiges Todeskriterium, sondern lediglich nach Feststellung des mentalen Ablebens des Hirntoten als pragmatisches Entnahmekriterium für dessen Organe.[114] Mit dieser Art der Argumentation reiht sich Dieter Birnbacher in die Riege derer ein, die wie Robert Truog für eine Aufgabe der „Dead-Donor-Rule" plädieren, um den Interessenskonflikt zwischen radikalem, unbedingtem Lebensschutz auf der einen Seite und Erhalt der postmortalen Organspendepraxis auf der anderen Seite durch Entkopplung der Legitimität der Organentnahme von der vorherigen Todesfeststellung zu schlichten versuchen.[115] Birnbacher gilt als Pragmatiker, der eine praktische Lösung für die komplizierte Grenzziehung zwischen den seiner Meinung nach fließend ineinander übergehenden Phänomenen Leben und Tod liefern will.[116]

---

[111] Gründe für die definitorische Aufwertung des organismischen Lebens liegen für Birnbacher darin, dass das bewusst erlebbare, personale Leben eines Menschen i.d.R. kürzer ist als die bloße biologische Existenz seines Körpers (z.B. hat ein Embryo im Anfangsstadium noch kein ausgereiftes Bewusstsein) und der Körper eine alternativlose Voraussetzung für Bewusstheit darstellt. Vgl. Birnbacher, Hirntod, 470-471.

[112] Birnbacher meint damit, dass beispielsweise einem Embryo schlagartig mehr Schutzwürdigkeit zugestanden wird, sobald dieser Bewusstseinsfähigkeit erlangt, genauso wie sich beim Hirntoten durch Bewusstseinsverlust dessen Schutzwürdigkeit drastisch reduziert. Vgl. Birnbacher, Hirntod, 472-474.

[113] Vgl. a.a.O., 474-475; Vgl. Klinnert, Über Leben entscheiden, 308.

[114] Vgl. Birnbacher, Hirntod, 475; Vgl. Klinnert, Über Leben entscheiden, 308.

[115] Vgl. Birnbacher, Hirntod, 475; Vgl. Patt/Bienek, Organspende bei Hirntoten, 343; Vgl. Stoecker, Hirntod, 5-6; Vgl. Stoecker, Voraussetzung der Organspende, 109.

[116] Vgl. Stoecker, Hirntod, 5-6; Vgl. Birnbacher, Hirntod, 462; 473-474.

Die philosophische Grundlage zur näheren Erläuterung des Todes- bzw. Lebensbegriff bilden für Birnbacher drei Axiome (er selbst nennt sie „Desiderate"). Leben und Tod weisen zunächst Univozität auf, d.h. ein Mensch ist entweder tot oder lebendig, es existiert kein Zwischenzustand, wie es bereits Höfling mit dem Idiom „tertium non datur" treffend umschreibt.[117] Der Tod ist zweitens endgültig und es besteht laut Birnbacher drittens eine Symmetrie zwischen Lebensanfang und Lebensende eines Menschen, die eine identische Anwendung der Kriterien für Leben und Tod sowohl an Anfang und Ende des menschlichen Lebens erfordert.[118]

Abschließend nimmt Dieter Birnbacher noch zur Frage nach einer möglicherweise bestehenden moralischen Pflicht zur Organspende Stellung. Er spricht sich dabei dafür aus, dass die Bereitschaft zur postmortalen Organspende keinen „supererogatorischen", d.h. über die bloße Pflichterfüllung hinausreichenden, Akt darstelle, sondern dass jeder Mensch moralisch dazu verpflichtet sei.[119] Eine ggf. lebensrettende, postmortale Organspende aus religiösen oder emotionalen Gründen zu verweigern und somit den Tod eines potentiellen Organempfängers in Kauf zu nehmen, ist für ihn äußerst bedenklich, wie bereits sein überspitztes Zitat „es ist sicher christlicher, die eigenen Organe dazu zu verwenden, jemandem das Leben zu retten, als sie schlicht verrotten zu lassen" (Birnbacher, Beispiel der Organtransplantation, 5) erahnen lässt.

2.4.2 Peter Dabrock

Peter Dabrock, Professor für Systematische Theologie, skizziert die Ausgangslage der Problematik um das HTK folgendermaßen: Die medizinischen Fortschritte und Errungenschaften der 1950er Jahren (z.B. künstliche Beatmung) brachten mit den Hirntoten eine nur schwer eindeutig als tot oder lebendig zu klassifizierende Patientengruppe hervor. Gleichzeitig verlor das 1968 verabschiedete HTK in den letzten Jahren aufgrund kritischer Studien und aufkeimender Zweifel den Status quo als „todsicheres" Anzeichen für das Ableben eines Menschen.[120] Vor dem

---

[117] Vgl. Birnbacher, Hirntod, 464-466; Vgl. Höfling, Tot oder lebendig, 163.

[118] Ein Embryo in der Gebärmutter ist deswegen für Birnbacher ebenso als tot/lebend zu klassifizieren, wie ein Hirntoter unter künstlicher Beatmung (was aber z.B. Schockenhoff vehement bestreitet). Vgl. Birnbacher, Hirntod, 466-467; Vgl. Schockenhoff, Hirntod, 130.

[119] Bei Lebendspenden sieht Birnbacher aufgrund der hohen gesundheitlichen Risiken für den Spender davon ab, von einer moralischen Verpflichtung zur Organspende zu sprechen. Vgl. Birnbacher, Beispiel der Organtransplantation, 5-6.

[120] Vgl. Denkhaus/Dabrock, Grauzonen, 142; Vgl. Dabrock, Tot oder lebendig, 14.

Hintergrund einer Rechtsprechung, die eigentlich hinsichtlich ihrer zugrundeliegenden Begriffe (hier Tod und Leben) auf Eindeutigkeit und angewiesen ist, ergibt sich das Dilemma, dass die Rechtmäßigkeit einer postmortalen Organentnahme bei einem Hirntoten, der sich offenbar im Spannungsfeld zwischen tot und lebendig nicht klar zuordnen lässt, nicht abschließend juristisch bewertet werden kann. Es müsse also zunächst offen bleiben, ob es sich dabei um eine rechtlich legitime ärztliche Handlung oder gar um ein zu ahndendes Tötungsdelikt handle.[121] Um eine praktikable Lösung für dieses Problem zu liefern, schlägt Dabrock vor, die Einführung einer dritten Kategorie zwischen Leben und Tod in Erwägung zu ziehen. Ein hirntoter Mensch solle demnach den Status eines „unumkehrbar Sterbenden"[122] erhalten, der sich in einer „Todeszone" (so Wilfried Härle), „Zwischenwelt" (so Ralf Stoecker) bzw. in einem „Zustand maximal reduzierter Lebendigkeit" (Denkhaus/Dabrock, Grauzonen, 142) befinde, was gesonderte rechtliche Konsequenzen mit sich bringe.[123] Er argumentiert, dass ein hirntoter Mensch einerseits zwar noch nicht als Leichnam zu verstehen sei und deswegen wie jeder andere Mensch auch weiterhin den grundsätzlichen und kategorischen Anspruch auf Wahrung der Menschenwürde und Lebensschutz besitze. Andererseits macht er klar, dass sich sein Recht auf Leben und körperliche Unversehrtheit aufgrund des absehbaren irreversiblen Lebensendes ohnehin nicht mehr in der Praxis umsetzen ließe, sodass es an Bedeutung verliere und letztendlich hinfällig sei.[124] Ein hirntoter Mensch ist nach Dabrock also noch nicht tot und genießt prinzipiell weiterhin alle menschlichen Grundrechte, jedoch mit abgestufter Schutzwürdigkeit seines Lebens, sodass eine Organentnahme keine Tötung darstellt und rechtlich legitim ist, wenngleich eine würdevolle Gestaltung des Sterbeprozesses im Vorfeld und Nachgang der

---

[121] Vgl. Dabrock, Tot oder lebendig, 14.

[122] Andere Vertreter wie Feinendegen oder Höver halten diese Begrifflichkeit für nur teilweise gelungen, da streng genommen jedes menschliche Lebewesen seit der Geburt als „unumstößlich irgendwann Sterbender" lebt. Vgl. Klinnert, Über Leben entscheiden, 311.

[123] Vgl. Dabrock, Tot oder lebendig, 15; Vgl. Klinnert, Über Leben entscheiden, 310-311. Diese „Hilfskonstruktion" wird von einigen Vertretern der Debatte sehr kritisch gesehen. Vgl. Schockenhoff, Hirntod, 130-131.

[124] Um diesen Punkt zu verdeutlichen, vergleicht Dabrock die Situation mit der eines Embryos im Mutterleib. Dieser verfügt zwar bereits über sämtliche Menschenrechte, jedoch lassen sich noch nicht alle davon praktisch anwenden (z.B. Meinungs- oder Religionsfreiheit) bzw. müssen gegenüber den Menschenrechten der Mutter (z.B. bei für die Mutter lebensgefährlichen Schwangerschaftskomplikationen) abgewogen werden. Vgl. Klinnert, Über Leben entscheiden, 311-312.

Transplantation angezeigt bleibt.[125] Das HTK eignet sich unter diesen Umständen lediglich noch als formales Entnahmekriterium. Dabrock plädiert außerdem dafür, die in Deutschland zur Bedarfsdeckung erforderliche Erhöhung der Organspendebereitschaft durch vertrauensbildende Maßnahmen, ehrliche Debatten sowie transparente und ergebnisoffene Aufklärung zu realisieren. Dabei sei es essentiell, dass auch emotionalen Ängsten und Vorbehalten gegenüber der postmortalen Organspende aufrichtig begegnet werde und von der medizinisch-naturwissenschaftlichen Lehrmeinung abweichende Positionen nicht als irrational abqualifiziert werden.[126] Eine Aufklärung über die Organspendepraxis müsse ergebnisoffen und neutral sein und dabei gleichermaßen Aspekte präsentieren, die für bzw. gegen die Zustimmung zur postmortalen Organspende sprechen und regelmäßig hinsichtlich ihrer Qualität und Ausgewogenheit überprüft werden. Sie sollte des Weiteren durch öffentliche Stellen und nicht beispielsweise durch die DSO als möglicherweise befangener Interessensvertreter der Organempfänger erfolgen.[127]

Abschließend konstatiert Dabrock, dass die postmortale Organspende ein Thema bleibt, welches „eine Zumutung für Betroffene und Gesellschaft" (Denkhaus/ Dabrock, Grauzonen, 146) darstellt, dass es sich aber dennoch lohnt offen damit umzugehen, um Vertrauen bei den Menschen zu gewinnen und gerade dadurch „ganz nebenbei" die individuelle Bereitschaft zur Organspende zu mehren.

2.4.3 Ralf Stoecker

Einen zu Dabrock und Birnbacher ähnlichen Ansatz wählt der Philosoph Ralf Stoecker in der Debatte um das HTK. Für ihn erweist sich das HTK ebenfalls als nicht sonderlich überzeugende Konstruktion, da Hirntote eben weder als ausschließlich tot noch als in vollem Maße lebendig kategorisiert werden könnten,[128] was eine juristische Bewertung und Ableitung normativer Rechte für Menschen in diesem Zwischenzustand schier unmöglich mache.[129] So ergebe sich das bekannte ethische Dilemma, dass man einerseits durch postmortale Organspende

---

[125] Vgl. Klinnert, Über Leben entscheiden, 312-313; Vgl. Dabrock, Tot oder lebendig, 15; Vgl. Denkhaus/Dabrock, Grauzonen, 135.

[126] Vgl. Dabrock, Tot oder lebendig, 14-15.

[127] Vgl. Denkhaus/Dabrock, Grauzonen, 145.

[128] Sie sind in phänomenaler und biologischer Hinsicht zwar keine Toten, aber auch keine Lebenden mehr hinsichtlich ihres nicht mehr intakten auf Interaktion beruhenden Beziehungslebens.

[129] Vgl. Stoecker, Hirntod, 4; Vgl. Stoecker, Voraussetzung der Organspende, 111.

Menschenleben retten und erhalten möchte, andererseits das HTK als gesetzlich verankertes Kriterium zur Todesfeststellung und unabdingbare Voraussetzung für Organentnahmen bei Hirntoten auf äußerst wackligen Beinen stehe.[130]

Stoecker unterbreitet deshalb den Vorschlag, dass man davon absehen sollte, krampfhaft zu versuchen, die Frage der Entsprechung von Tod und Hirntod argumentativ zu beantworten, lediglich mit dem Zweck das HTK nicht preiszugeben. Er empfiehlt, hirntote Menschen als das anzusehen, was sie sind – keine Lebenden mehr, aber auch keine Leichen – und sie dementsprechend ethisch-rechtlich zu bewerten und praktisch zu behandeln.[131] Da Hirntote nach Stoecker noch nicht tot sind, sollte beispielsweise die medizinische Pflege weiterhin genauso ablaufen wie bei einem lebenden Patienten und die Bedürfnisse der Angehörigen dementsprechend berücksichtigt werden. Auch die Menschenwürde und der autonome Wille des Hirntod-Patienten sind zu wahren, als würde es sich dabei um einen Nicht-Hirntoten handeln. Weil ein Hirntoter allerdings auch nicht mehr vollumfänglich als Lebender, sondern als irreversibel Sterbender zu bezeichnen ist, könne man ihm im strengen Sinne kein körperliches Leid mehr antun bzw. ihm eine bewusst erlebbare Zukunft nehmen. Eine zu Lebzeiten autorisierte Organentnahme, welche den diffusen Zwischenzustand zwischen Leben und Tod beendet und den Tod des Menschen finalisiert, könne unter diesen Vorzeichen als ethisch und moralisch vertretbar angesehen werden.[132] Stoecker vertritt also die These, dass ein Verwerfen des HTK nicht zwangsläufig das Ende der postmortalen Transplantationspraxis bedeuten müsse, was von HTK-Unterstützern stets befürchtet wird.[133] Die Feststellung, dass der Tod aus ethischer Sicht keine Voraussetzung für die Organspende sei, macht Stoecker (wie bereits Birnbacher) implizit zum Befürworter einer Abkehr von der „Dead-Donor-Rule". So würdigt Stoecker den Vorstoß von Robert Truog, die „Tote-Spender-Regel" vollständig abzuschaffen, als „richtige Richtung", merkt aber an, dass dieser Schritt nicht leichtfertig erfolgen dürfe, sondern philosophisch präzise begründet sein müsse.[134] Er selbst liefert dazu einen Beitrag, indem er vier Gründefür das geltende Tötungsverbot liefert und diese im Hinblick auf

---

[130] Vgl. Stoecker, Hirntod, 5.

[131] Vgl. Stoecker, Voraussetzung der Organspende, 112-113; Vgl. Stoecker, Hirntod, 7.

[132] Vgl. Stoecker, Hirntod, 5-7.

[133] Vgl. Stoecker, Hirntod, 7; Vgl. Stoecker, Voraussetzung der Organspende, 114-115.

[134] Vgl. Stoecker, Voraussetzung der Organspende, 109-110; 114-115.

die Organspende bei Hirntoten untersucht.[135] Dabei kommt Stoecker zum Ergebnis, dass sich diese Gründe nicht restlos auf den passiven Tötungsvorgang bei der Organentnahme übertragen lassen würden, sodass diese nicht mit einer klassischen Tötungshandlung vergleichbar sei.[136]

2.5 Zusammenfassung der verschiedenen Positionen

Wie in den vorangegangenen Kapiteln gezeigt, präsentiert sich die Thematik des Hirntodkriteriums (HTK) als äußerst komplex und vielschichtig. Dabei geht es nicht nur um die bloße Akzeptanz oder Ablehnung des HTK, sondern es entstehen im Zuge der Debatte noch weiterführende Folgekonflikte, die diskutiert und ausgehandelt werden müssen (z.B. die generelle Zulässigkeit von Organspenden oder der Diskurs um die „Dead-Donor-Rule"). Um zum Abschluss der Ausführungen zur Kontroverse um das HTK einen Überblick zu geben, sollen im Folgenden die eben ausführlich dargestellten Positionen noch einmal kurz zusammengefasst, gebündelt und grafisch veranschaulicht werden.

Die beiden grundlegenden Fragen der Debatte lauten: 1. Besteht eine grundsätzliche Zustimmung zur Konstruktion des HTK oder wird die vorgenommene Gleichsetzung von Hirntod und Tod des Menschen in Zweifel gezogen bzw. negiert (**Pro oder Contra Hirntodkriterium**)? 2. Wird die Praxis der Organspende bei Hirntoten unabhängig von der jeweiligen Meinung zum HTK grundsätzlich begrüßt oder wird sie entschieden abgelehnt (**Pro oder Contra Organspende**)? Die zu Wort gekommenen Streitparteien lassen sich diesbezüglich in eine Vier-Felder-Tafel (siehe Abb. 2.) einteilen.

---

[135] Diese sind im Einzelnen: 1. Töten fügt einem anderen Menschen Schaden zu. 2. Tötungen haben negative Auswirkungen auf Dritte (z.B. Angehörige oder Erschütterung des Sicherheitsempfindens der Gesamtgesellschaft). 3. Tötung verletzt und missachtet die Würde des Getöteten. 4. Tötung beinhaltet eine fehlende Ehrfurcht vor dem Leben. Vgl. Stoecker, Voraussetzung der Organspende, 113.

[136] Zu 1: Organentnahme schadet dem Hirntoten nicht mehr (Zukunfts- und Besserungsaussichten sind nicht existent und werden demnach nicht tangiert). Zu 2: Wenn eine Abkehr von der DDR keinen Verlust der Schutzwürdigkeit sonstiger schwer hirnkranker, nicht-hirntoter Patienten nach sich zieht und die Bedürfnisse der Angehörigen berücksichtigt werden, ist eine Organentnahme für Dritte frei von negativen Konsequenzen. Zu 3: Wenn die Wahrung der Würde des Organspenders durch Respektieren seines Willens und die adäquate Behandlung seines Leichnams gewährleistet ist, kommt es zu keiner Missachtung selbiger. Zu 4: Die Ehrfurcht vor dem Leben drückt sich in dem Wunsch aus, das Leben anderer durch Verpflanzung der Organe eines Hirntoten zu erhalten oder zu verbessern. Vgl. Stoecker, Voraussetzung der Organspende, 113-114.

	Pro Organspende	Contra Organspende
Pro Hirntodkriterium	BÄK, DSO, EKD, DBK, Eberhard Schockenhoff, HMS, (DER), (PCB)	
Contra Hirntodkriterium	Dieter Birnbacher, Peter Dabrock, Ralf Stoecker, (Wolfram Höfling)	Hans Jonas, Andreas Brenner, Dr. med. Peter Beck, (Alan Shewmon)

Abb. 2.: Vier-Felder-Schema zum HTK und zur Organspende

Der **Deutsche Ethikrat (DER)** sowie das US-amerikanische **President's Council on Bioethics (PCB)** sind in Klammern gesetzt, da der DER trotz mehrheitlicher Aussprache für das HTK keine vollständige Einigung in dieser Frage erzielen konnte und das PCB 2008 trotz letztlichem Festhalten am HTK dessen langjährig gültige Standardbegründung überarbeitet und angepasst hat.

Der Neurologe **Alan Shewmon**, der durch seine Studien zum „chronischen Hirntod" die Debatte um das HTK wieder ins Rollen brachte und die Stellungnahme des PCB 2008 mit herausforderte, hat sich hinsichtlich der Durchführung von Organspenden bei Hirntoten nicht eindeutig positioniert, wobei tendenziell eher von einer ablehnenden Haltung auszugehen ist.

Der Rechtswissenschaftler **Wolfram Höfling**, der verfassungsrechtlich gegen das HTK argumentiert, ist hier nur unter Vorbehalt zu nennen, da unklar bleibt, ob er das HTK zumindest als pragmatisch motiviertes Organentnahmekriterium billigen würde. Klar ist allerdings, dass sich Höfling massiv gegen eine Graduierung des im GG verankerten Lebensschutzes ausspricht, sodass er dem eben angesprochenen Vorschlag von Birnbacher, Dabrock und Stoecker keine Unterstützung entgegenbringt. Die mögliche **Abschaffung der „Dead-Donor-Rule" (DDR)**, um die komplizierte Debatte um das HTK überflüssig zu machen, spaltet die Diskussionsteilnehmer, die entweder für eine unbedingt erforderliche Beibehaltung der DDR oder für deren Abschaffung aus Gründen des Pragmatismus plädieren (siehe Abb. 3.).

Beibehaltung der DDR	Abkehr von DDR
Pellegrino (PCB)	Robert Truog
BÄK	Dieter Birnbacher
Eberhard Schockenhoff	Peter Dabrock
TPG	Ralf Stoecker
Wolfram Höfling	

Abb. 3.: Tabellarische Darstellung zur DDR

In der Kontroverse herrscht außerdem Uneinigkeit darüber, ob das Begreifen des **Hirntodes als Zwischenkonzept** zwischen Leben und Tod legitim bzw. hilfreich ist, oder ob unter Berücksichtigung des normativen Gewichts einer Lebens- bzw. Todesdefinition eher die Maßgabe „ein Drittes ist nicht gegeben" (lat. **tertium non datur**) zu verfolgen sei (siehe Abb. 4.).

Hirntod = Zwischenzustand zwischen Tod und Leben	„Tertium non datur" („Tot oder lebendig")
Dieter Birnbacher	Wolfram Höfling
Ralf Stoecker	Eberhard Schockenhoff
Peter Dabrock	Grundgesetz
Wilfried Härle	

Abb. 4.: Tabellarische Darstellung zur Frage der Zwischenkonzepte zwischen Tod und Leben

Weitere Fragen, die sich stellen und unterschiedlich beantwortet werden, sind: Nimmt das **Gehirn eine zentrale Sonderstellung** in der Steuerung und Integration des Gesamtorganismus des Menschen ein (HTK-Gegner bezweifeln dies, während HTK-Unterstützer dies mehrheitlich bejahen)? Kann und darf man bei der Bewertung der Lebens- und Schutzwürdigkeit Hirntoter eine **Parallele zum embryonalen Stadium** am Lebensanfang ziehen (Birnbacher und Dabrock halten das für schlüssig, nach Schockenhoff ist dies wissenschaftlich nicht haltbar)?

Und besteht, im Falle einer Befürwortung der postmortalen Organspende, eine **moralische Pflicht** dazu, für diese ggf. zur Verfügung zu stehen (was Birnbacher postuliert, während die EKD die „evangelische Freiheit" bei der Entscheidung betont)?

3 Rechtliche Regelungsmodelle für postmortale Organspende

Neben der Hirntod-Debatte stellt die Frage, wie die Ermittlung potentieller Organspender sowie die Dokumentation der individuellen Spendebereitschaft in Deutschland zukünftig geregelt sein soll, ein weiteres, derzeit breit diskutiertes Konfliktfeld der postmortalen Organspende dar.

Im Folgenden sollen neben der kurzen Skizzierung der zwei gängigen und miteinander konkurrierenden rechtlichen Regelungsmodelle – der „Zustimmungslösung" auf der einen Seite und der sogenannten „Widerspruchslösung" auf der anderen Seite – noch weitere mögliche Alternativvorschläge Erwähnung finden, bevor in einem abschließenden Schritt eine knappe ethische Abwägung der Vorzüge und Schwierigkeiten der beiden Hauptmodelle erfolgt.

3.1 Die Zustimmungslösung

Das Modell der Zustimmungslösung setzt ein grundsätzliches Verbot postmortaler Organspenden voraus, welches allerdings durch die zu Lebzeiten vom potentiellen Organspender dokumentierte Zustimmung zur posthumen Organentnahme punktuell außer Kraft gesetzt werden kann.[137]

Von einer **„erweiterten Zustimmungslösung"** spricht man dann, wenn im Gegensatz zur **„engen Zustimmungslösung"**, bei der ausschließlich der zuvor schriftlich fixierte Wille des Hirntoten berücksichtigt wird, auch die Angehörigen zur Feststellung der mutmaßlichen Zustimmung oder Ablehnung zur Organentnahme herangezogen werden, sofern keine diesbezügliche Willensäußerung des Hirntod-Patienten vorliegt.[138] Jene „erweiterte Zustimmungslösung" stellte seit der Verabschiedung des deutschen Transplantationsgesetzes (TPG) von 1997[139] bis zur Revision des TPG 2012 das in Deutschland gültige rechtliche Regelungsmodell dar, welches

---

137 Vgl. Neuefeind, Ethik, Recht und Politik, 82.

138 Die Angehörigen sollen dabei in erster Linie als „Überbringer" eines eventuell mündlich getätigten Statements des potentiellen Organspenders zur eigenen Spendebereitschaft fungieren. Liegt auch ein solches nicht vor, sind sie in Ausführung ihres Totensorgerechts dazu befugt, zur Ermittlung der wahrscheinlichen Einstellung zur postmortalen Organspende (aufgrund von Äußerungen oder Weltanschauungen des Verstorbenen) beizutragen. Erst wenn auch dies nicht gelingen sollte, obliegt es den Angehörigen eine Entscheidung aufgrund eigener Werte und Vorstellungen zu fällen. Vgl. Neuefeind, Ethik, Recht und Politik, 82-84; 93-94.

139 Die entscheidenden Abschnitte zur Einwilligung des Spenders bzw. zur Zustimmung anderer Personen zur Organentnahme sind die §§ 3 und 4. Vgl. www.gesetze-im-internet.de/tpg/TPG.pdf (Abruf am 02.08.19).

auch in einigen weiteren Nationen wie den USA, Großbritannien, Irland, Australien oder Dänemark Anwendung findet.[140] Da eine postmortale Organspende nicht nur für den Organspender, sondern auch für dessen Angehörige ein einschneidendes und belastendes Ereignis darstellt, wäre unter Umständen auch eine „doppelte Zustimmungslösung" denkbar, welche sowohl den ausdrücklichen Wunsch des Spenders als auch die Zustimmung seiner Angehörigen zwingend voraussetzt.[141]

3.2 Die Entscheidungslösung

Durch eine Revision des TPG im Jahr 2012 wurde die bis dato geltende „erweiterte Zustimmungslösung" von einer sogenannten **„Entscheidungslösung"** abgelöst. Dabei handelt es sich nicht um einen radikal neuen Lösungsansatz, sondern die bestehende Regelung wurde lediglich dorthingehend ergänzt, dass die gesetzlichen und privaten Krankenkassen künftig alle zwei Jahre umfassende Aufklärungsunterlagen zur Organspende sowie einen Organspendeausweis bereitstellen sollen. Dies sollte dem Zweck dienen, die Versicherten zu einer „informierten Entscheidung" hinsichtlich der individuellen Spendebereitschaft inklusive deren Dokumentation zu bewegen.[142] An der bisherigen Prämisse, dass die Durchführung einer Organspende die zwingende Zustimmung des potentiellen Spenders (oder eben seiner Angehörigen) voraussetzt, wurde festgehalten und keine Modifikation vorgenommen.[143]Zu betonen ist hierbei, dass die Aufklärungsmaßnahmen der Krankenkassen ergebnisoffen und transparent erfolgen sollen und die Nennung von Pro- sowie Contra-Argumenten miteinschließen. Gleichzeitig darf mit der Aufforderung bzw. Empfehlung zur Erklärung über die eigene Organspendebereitschaft keine moralisch oder juristisch einforderbare Erklärungspflicht einhergehen, sodass nach wie vor die Freiheit besteht, sich für oder gegen postmortale Organspende zu entscheiden oder sich bezüglich dieser Frage zu enthalten und keine schriftlich dokumentierte Aussage darüber zu treffen.[144] Würde man hingegen eine Entscheidungsverpflichtung gesetzlich festschreiben oder implizit einfordern (z.B. gab es 2011 Gedankenspiele des DER, jeden Bürger nach amerikanischem Vorbild bei Erwerb seines Führerscheins oder der Abholung des Personalausweises nicht nur vor

---

[140] Vgl. Neuefeind, Ethik, Recht und Politik, 84-85.

[141] Vgl. Klinnert, Über Leben entscheiden, 327 (Abb. 10.1.).

[142] Vgl. Neuefeind, Ethik, Recht und Politik, 89-90; Vgl. Denkhaus/Dabrock, Grauzonen, 137.

[143] Vgl. a.a.O., 92-93.

[144] Vgl. a.a.O., 91; Vgl. Denkhaus/Dabrock, Grauzonen, 137; 145.

die Entscheidung zu stellen, sondern sogar dazu zu verpflichten)[145], würde aus der Entscheidungslösung eine „Erklärungslösung" (nach Neuefeind) werden. Diese hätte Vorzüge wie z.b. die definitive Entlastung der Angehörigen von einer eventuellen Stellvertreterentscheidung und auch die absolute Sicherheit über den Willen des Patienten, bringt aber den Nachteil mit sich, dass das Selbstbestimmungsrecht jedes Menschen, welches auch das Recht zur Nichtentscheidung beinhaltet, empfindlich beschnitten werden würde. Weil sich eine solche Regelung aus verfassungsrechtlicher Sicht nur schwer legitimieren ließe, wurde von einer Umsetzung bislang abgesehen.[146] Trotz des Zugeständnisses der Möglichkeit, sich nicht mit dem Thema Organspende befassen oder eine Entscheidung treffen zu müssen, ist es das erklärte Aufklärungsziel, einen Anstieg der verfügbaren Spenderorgane in Deutschland zu erzielen. Dabei soll der mit etwa 25% relativ geringe Bevölkerungsanteil mit durch Organspendeausweis fixierter Zustimmung weiter an den vergleichsweise hohen Prozentsatz an Bürgern mit grundsätzlicher Organspendebereitschaft (ca. 75%) angenähert werden.[147]

3.3 Die Widerspruchslösung

Nachdem die eben erörterte Entscheidungslösung eher als Erweiterung bzw. Modifikation anzusehen ist, stellt die **„Widerspruchslösung"** einen echten Gegenentwurf zur Zustimmungslösung dar. Diese sieht vor, dass einem Patienten mit erlittenem und diagnostiziertem Hirntod prinzipiell immer seine Organe entnommen werden dürfen, es sei denn, er hat dem zu Lebzeiten ausdrücklich widersprochen. Dadurch würde das bisherige Zustimmungskonzept ins Gegenteil verkehrt werden.[148] In Analogie zum Zustimmungsmodell ergeben sich auch hier zwei alternative Möglichkeiten der Ausgestaltung dieser Widerspruchsregelung.

Im Rahmen einer **„engen Widerspruchslösung"** würde lediglich ein durch den potentiellen Spender persönlich formulierter Widerspruch die Durchführung der postmortalen Organentnahme verhindern, während eine **„erweiterte Widerspruchslösung"** auch den Einspruch der Angehörigen (falls der Wille des

---

[145] Vgl. www.aerzteblatt.de/archiv/147782/US-amerikanisches-Gesundheitswesen-Fast-jeder-Zweite-ist-Organspender (Abruf am 02.08.19); www.deutschlandfunk.de/organspende-pflicht-oder-geschenk.724.de.html?dram:article_id=100236 (Abruf am 02.08.19).

[146] Vgl. Neuefeind, Ethik, Recht und Politik, 87-88.

[147] Vgl. a.a.O., 89-90.

[148] Vgl. a.a.O., 85.

Hirntoten nicht bekannt ist) akzeptiert.[149] Die Pro- und Contra-Argumente für diese Herangehensweise liegen auf der Hand. Das Potential der in der Bevölkerung angeblich ohnehin recht hohen Organspendebereitschaft könnte deutlich effektiver ausgenutzt werden, wenn eine ausdrückliche Zustimmung nun nicht mehr maßgeblich wäre. Andererseits müssten Gegner der Organspende bzw. noch Unentschiedene nun aktiv und explizit Widerspruch einlegen, um einer postmortalen Organentnahme nach Hirntod zu entgehen.[150] Die Beweislast hätte sich dann gedreht und würde nicht länger bei den Ärzten liegen, welche bislang die (mutmaßliche) Zustimmung des Hirntod-Patienten zur Explantation seiner Organe nachweisen mussten.[151] Im europäischen Ausland wird überwiegend die Widerspruchslösung angewandt, was in einigen Ländern tatsächlich zu einer Steigerung verfügbarer Spenderorgane führte.[152] Um dies auch in Deutschland zu verwirklichen und dem eklatanten Mangel an Spenderorganen adäquat zu begegnen, möchte der amtierende Bundesgesundheitsminister Jens Spahn (CDU) auch in Deutschland eine erweiterte bzw. **„doppelte Widerspruchslösung"** gesetzlich verankern, wozu bereits ein fraktionsübergreifender Gesetzesentwurf vorliegt.[153]

---

[149] Vgl. Neuefeind, Ethik, Recht und Politik, 85-86.

[150] Ein Widerspruch ließe sich heutzutage relativ schnell und unkompliziert z.B. durch digitales Ausfüllen eines Organspendeausweises vornehmen. Dort könnte nicht nur generell einer Organentnahme widersprochen werden, sondern es könnten auch nur einzelne Organe von einer postmortalen Explantation ausgenommen werden. Vgl. www.organspende-info.de/organspendeausweis-download-und-bestellen.html (Abruf am 08.08.19).

[151] Vgl. Neuefeind, Ethik, Recht und Politik, 85.

[152] So kommt die enge Form der Widerspruchslösung beispielsweise in Spanien, Frankreich und Österreich zum Einsatz, während in Griechenland, Belgien, Finnland und seit 2016 auch in den Niederlanden die erweiterte Widerspruchsregelung gilt. Bereits 1978 hat sich das Ministerkomitee des Europarats für die enge Widerspruchslösung ausgesprochen. Vgl. Neuefeind, Ethik, Recht und Politik, 85-86.

[153] Vgl. www.bundesgesundheitsministerium.de/ministerium/meldungen/2019/widerspruchsloesung.html (Abruf am 02.08.19); www.bundesgesundheitsministerium.de/fileadmin/Dateien/3_Downloads/O/Organspende/Organspende-Widerspruchsloesung_Gruppenantrag_Spahn_et_al.pdf (Abruf am 02.08.19). Der Gesetzesentwurf firmiert unter dem Titel „doppelte Widerspruchslösung", ist aber im Prinzip mit der „erweiterten Widerspruchslösung" gleichzusetzen, da auch die Angehörigen im Zweifelsfall einen der Organspende entgegenstehenden (mutmaßlichen) Willen des Patienten äußern dürfen, ohne aber ein eigenes Entscheidungsrecht zu besitzen.

3.4 Die Informationslösung

Eine geringfügige Abwandlung der Widerspruchslösung wurde als sogenannte **„Informationslösung"** bereits 1990 von der DSO und einer Arbeitsgruppe der Deutschen Transplantationszentren e.V. ins Spiel gebracht. Sie beinhaltet die Vorgabe, dass bei Nichtvorliegen eines dokumentierten Willens des Hirntoten dessen Angehörige über die geplante Explantation seiner Organe zunächst unterrichtet werden. Legen diese daraufhin innerhalb einer festgelegten Frist keinen Widerspruch gegen das Vorhaben ein, gilt es als rechtlich legitim, die Organentnahme wie beabsichtigt vorzunehmen. Es muss also auch hier keine explizite Zustimmung erfragt werden, sondern die Information der Angehörigen und das Einräumen einer Widerspruchsmöglichkeit sind juristisch ausreichend.[154] Kritik an diesem Vorgehen wurde laut, da es nicht – wie von den Befürwortern eigentlich postuliert – zur Entlastung der Angehörigen beitragen würde. Diese wären von der Notwendigkeit einer Entscheidung gar nicht befreit worden, da sie weiterhin die Option zum Widerspruch für sich zu klären hätten. Des Weiteren wurde unterstellt, dass mit dieser Lösung eine „verdeckte Lenkung der Angehörigen zur ‚Organsicherung'" (Neuefeind, Ethik, Recht und Politik, 87) verfolgt werde. So sei es aus psychologischer Sicht wesentlich wahrscheinlicher, dass sich ein Mensch in einer seelischen Extremsituation (wie dem Tod eines Angehörigen) eher passiv verhält als aktiv einen Widerspruch zu formulieren.[155] Während die Informationslösung in Deutschland nicht weiter verfolgt wurde, fand sie dagegen beispielsweise in Italien, Liechtenstein, Norwegen und Schweden Eingang in die dortige Gesetzgebung.[156]

---

[154] Vgl. Neuefeind, Ethik, Recht und Politik, 86-87.
[155] Vgl. a.a.O., 87.
[156] Vgl. a.a.O., 87.

3.5 Sonstige Regelungsmodelle

Neben den zwei Hauptvorschlägen zur rechtlichen Regelung der Spendergewinnung (Zustimmungs- bzw. Widerspruchslösung inklusive ihrer jeweiligen Modifikationen), sollen noch zwei weitere Lösungsalternativen knapp vorgestellt werden: die **Notstandslösung** sowie eine auf Reziprozität beruhende **Motivations- o-der Clublösung**. Gerade letztere, von Hermann Christoph Kühn im Rahmen seiner Dissertation vorgetragene Idee präsentiert sich als durchaus interessant und bedenkenswert.

3.5.1 Die Notstandslösung

Bei der sogenannten „**Notstandslösung**" wird der in Deutschland derzeit vorliegende Mangel an Spenderorganen, wie es der Name andeutet, als Notstand bzw. „notstandsähnliche Gefahrenlage" (Neuefeind, Ethik, Recht und Politik, 88) deklariert. Somit soll jeder automatisch zum potentiellen Organspender erklärt werden, um das Aufkommen geeigneter Transplantate zu steigern und dem Notstand der Organknappheit dadurch entgegenzuwirken. Bezüglich einer Interessensabwägung zwischen dem Selbstbestimmungsrecht des Einzelnen sowie dem gesamtgesellschaftlichen Interesse an ausreichend vielen Spenderorganen (siehe Kapitel 3.6.) werden bei diesem Ansatz die individuellen Rechte gegenüber den Verpflichtungen für das Gemeinwohl weniger stark priorisiert.[157] Eine praktische Umsetzung dieses Modells lässt sich in Deutschland politisch kaum realisieren bzw. verfassungsrechtlich rechtfertigen.[158] Innerhalb des europäischen Auslandes bestand diese Regelung lediglich bis 2007 in Bulgarien, wo sich heute allerdings die Widerspruchslösung etabliert hat.[159]

3.5.2 Die Motivationslösung („Clublösung", reziproke Lösung)

Die von Kühn entwickelte und als solche bezeichnete „**Motivationslösung**" verfolgt das Anliegen, Anreize für eine Erklärung der eigenen postmortalen Organspendebereitschaft zu schaffen, die über das selbstlose Motiv der Nächstenliebe und Barmherzigkeit hinausgehen.[160] Sie fußt dabei auf dem Grundgedanken der

---

[157] Vgl. Neuefeind, Ethik, Recht und Politik, 88; Vgl. Klinnert, Über Leben entscheiden, 327 (Abb. 10.1.).

[158] Vgl. Neuefeind, Ethik, Recht und Politik, 88; Vgl. Kühn, Motivationslösung, 123.

[159] Vgl. Neuefeind, Ethik, Recht und Politik, 89.

[160] Vgl. Kühn, Motivationslösung, 142.

Solidargesellschaft, wonach die Bürgerinnen und Bürger einerseits an den allgemein zugänglichen gesellschaftlichen Errungenschaften partizipieren und von ihnen profitieren dürfen (z.b. Nutzung von Infrastruktur, Gesundheitsversorgung), gleichzeitig aber auch ihren Teil zur Sicherstellung dieses Allgemeinwohls (z.b. durch Steuerzahlungen bzw. Krankenversicherungsbeiträge) beitragen sollen.

Auf das Thema postmortale Organspende konkret angewandt hieße das, dass ein Mensch, der im ggf. eintretenden Krankheitsfall die Aussicht auf eine unter Umständen lebensrettende Organspende bekommt, gleichzeitig auch dazu bereit sein müsste, im Fall seines eigenen Hirntodes seine Organe zur Transplantation zur Verfügung zu stellen. Da sich verfassungsrechtlich allerdings kein Zwang bzw. keine juristische Pflicht zur Organspende legitimieren lässt, sei es sinnvoller, den gerade erwähnten Zusammenhang umzudrehen. Eine formulierte Bereitschaft zur postmortalen Organentnahme könnte dann an höhere Chancen bei einer möglicherweise notwendigen Organzuteilung geknüpft und somit entsprechend honoriert werden.[161] Praktisch könnte das bedeuten, dass die große Menge der Patienten, die auf ein passendes Organtransplantat warten, in zwei Untergruppen – eine mit und eine ohne zuvor dokumentierter eigener Spendebereitschaft – aufgeteilt wird. Die Mitglieder des „Clubs der erklärten Organspender" (deswegen die Alternativbezeichnung **„Clublösung"**) würden dann eine Art Vorzugsrecht auf den Erhalt eines Spenderorgans bekommen, sodass eine Organverteilung nach den gängigen Allokationskriterien (Passung, Alter, Bedürftigkeit usw.) zunächst nur innerhalb dieser Gruppe erfolgen würde. Spenderorgane stünden nur dann für die andere Gruppe bereit, sofern sich in der ersten Gruppe kein passender Empfänger ermitteln ließe.[162]

Der große Vorteil dieses Modells liegt darin, dass sich sehr wahrscheinlich eine Erhöhung der Anzahl an verfügbaren Spenderorganen unter gleichzeitiger Beibehaltung des Prinzips einer zu Lebzeiten fixierten Zustimmung des Spenders erzielen ließe. Dadurch, dass ein potentieller Organspender erkennt, dass die Erklärung seiner individuellen Bereitschaft zur Organspende ihm im Notfall einen Vorteil bringt oder ihm sogar möglicherweise das Leben rettet, sei er motivierter sich mit dieser Thematik auseinanderzusetzen und eine Entscheidung pro Organspende zu treffen.[163] Außerdem werde durch diese Lösung das solidarische Prinzip der Wechsel-

---

161 Vgl. Kühn, Motivationslösung, 143.
162 Vgl. a.a.O., 143; Vgl. Klinnert, Über Leben entscheiden, 327 (Abb. 10.1.).
163 Vgl. Kühn, Motivationslösung, 142.

und Gegenseitigkeit (Reziprozität) – in theologischer Hinsicht die Goldene Regel – konkret und praktisch umgesetzt.[164] Gegenargumente oder Einwände lassen sich nur bedingt vorbringen, da Kühn selbst keinen „Konflikt mit Gerechtigkeitserwägungen" (Kühn, Motivationslösung, 149) oder der Idee des Gesellschaftsvertrages sieht.[165] Lediglich die Frage nach dem prophezeiten Ende des Altruismus, also die Angst, dass durch das Schaffen von Anreizsystemen ein rein selbstloses und nicht auf eigenen Vorteil bedachtes Handeln abqualifiziert und weniger attraktiv wird, stelle eine nicht unberechtigte ethische Anfrage dar, die von Kühn ausführlich diskutiert wird.[166]

Da sich die Einwände in Grenzen halten, lässt sich postulieren, dass Kühns Vorschlag einer Motivationslösung von 1997 durchaus Potential besitzt und als ernstzunehmender Lösungsansatz zumindest in Erwägung gezogen werden sollte. Selbstverständlich nur unter der Voraussetzung, dass Herausforderungen wie das Schaffen einer digitalen Infrastruktur zur leichteren Erfassung und Speicherung der Spendebereitschaft oder der Festlegung einer Karenzzeit, innerhalb der die Erklärung zur Organspende erfolgt sein muss, adäquat begegnet wird.[167]

3.6 Kritische Beurteilung der Regelungsmodelle

Nach Darstellung der unterschiedlichen Möglichkeiten einer rechtlichen Regelung der Organspende in Deutschland soll nun eine kritische Reflexion der Hauptmodelle geboten werden. Dazu wird zunächst kurz das ethische Spannungsfeld skizziert, in welches die Frage nach Zustimmungs- oder Widerspruchspflicht bei der postmortalen Organspende eingebettet ist.

---

[164] Vgl. a.a.O., 147.

[165] Vgl. a.a.O., 149; 161.

[166] Vgl. a.a.O., 149-154.

[167] Damit unterbunden werden kann, dass ein Mensch erst dann seine postmortale Organspendebereitschaft erklärt, wenn er selbst aller Voraussicht nach in Kürze eine Transplantation benötigt (um sozusagen die „Club-Vorteile" bei der Organverteilung für sich zu nutzen), muss ein Modus gefunden werden, der zweifelsfrei feststellt, dass einer Erklärung als zukünftiger Organspender keine akute eigene medizinische Notsituation zugrundeliegt. Vgl. Kühn, Motivationslösung, 143.

In einem zweiten Schritt wird anschließend auf die kontroverse Kommentierung der von Jens Spahn vorgeschlagenen Widerspruchslösung in Presse und Gesellschaft eingegangen. Dabei sollen die typischen und gängigsten Argumente für und gegen die geplante Neuregelung gesammelt und einander gegenübergestellt werden.

Die Praxis der postmortalen Organspende befindet sich in einem ethischen Spannungsverhältnis. Auf der einen Seite steht das **individuelle Selbstbestimmungsrecht** jedes Menschen über seinen Körper und das über seinen Tod hinausgehende Recht auf leibliche Unversehrtheit, während auf der anderen Seite ein **kollektives Interesse der Solidargemeinschaft** an Organen für potentiell lebensrettende Transplantationen besteht. Durch die Nutzung der Möglichkeiten der Transplantationsmedizin wird allerdings auch dem Grundrecht auf Leben eines lebensbedrohlich erkrankten, potentiellen Organempfängers auf der Warteliste Rechnung getragen.[168] Die Entscheidung für eine der präsentierten Regelungsmodelle steht in engem Zusammenhang dazu, wie man sich innerhalb dieses Spannungsfeldes jeweils verortet bzw. welche ethischen Werte man stärker gewichtet und priorisiert. Jemand, der das **Prinzip der Selbstbestimmung** betont, wird demnach eher ein System wie die Zustimmungslösung unterstützen, welches das Selbstbestimmungsrecht und die Wahrung der Menschenwürde des Hirntoten in den Mittelpunkt stellt. Auf der anderen Seite werden Vorschläge wie die Widerspruchslösung oder die Notstandslösung, die das gesellschaftliche Interesse deutlich über die Rechte des Einzelnen stellen, vor allem von Menschen favorisiert, die sich das **Prinzip der überindividuellen Hilfeleistung** zu eigen gemacht haben.[169]

Im August 2018 verkündete der neue Gesundheitsminister Jens Spahn (CDU), er wolle durch Einführung einer Widerspruchslösung die Anzahl potentieller Organspender in Deutschland erhöhen und somit den dramatischen Mangel an Spenderorganen eindämmen.[170]

---

[168] Vgl. Neuefeind, Ethik, Recht und Politik, 82; 85; 88.

[169] Vgl. Birnbacher, Beispiel der Organtransplantation, 4.

[170] Spahn betonte dabei, er wolle einen derartigen Gesetzesvorschlag nicht in seiner Funktion als Minister, sondern als einfacher Abgeordneter fraktionsübergreifend gemeinsam mit weiteren Mitgliedern des Bundestages einreichen, um die Einführung einer Widerspruchslösung anzuregen. Vgl. www.faz.net/aktuell/politik/inland/gastbeitrag-von-gesundheitsminister-jens-spahn-zur-organspende-15773053.html (Abruf am 06.08.19).

Dadurch wurde eine breite und öffentliche Debatte über die Organspende im Allgemeinen und die Widerspruchslösung im Speziellen losgetreten, die bei Befürwortern und Gegnern einer geplanten Neuregelung gleichermaßen eine Vielzahl an Reaktionen, Kommentaren und Stellungnahmen hervorrief.

Die Unterstützer einer Widerspruchsregelung führen vor allem das Argument ins Feld, dass das bisherige Zustimmungsmodell ein „System der Ignoranz" sei, welches es den Menschen zu einfach mache, sich der existenziellen Frage des eigenen Todes und der eigenen Spendebereitschaft zu entziehen und sich einer klaren Entscheidung für oder gegen die Organspende zu enthalten. Es wird angemerkt, dass eine solch praktizierte Verdrängungstaktik tatsächlich Menschenleben fordern könne, wenn eine dringend benötigte Organspende aufgrund fehlender Transplantate nicht rechtzeitig vorgenommen werden kann.[171] Des Weiteren hegen die Befürworter mit einer Etablierung der Widerspruchslösung die Hoffnung, mehr entschiedene potentielle Organspender aus der großen Menge derjeniger zu generieren, welche die Praxis der Organspende zwar passiv begrüßen, aber die eigene Bereitschaft zur Spende noch nicht final per Organspendeausweis dokumentiert haben.[172] Dadurch würde sich ein signifikanter Anstieg verfügbarer Spenderorgane verzeichnen lassen, wie es bereits in einigen benachbarten Ländern der Fall gewesen sei.[173] Zuletzt wird vorgebracht, dass durch die Einführung einer Widerspruchslösung trotzdem weiterhin die Option bestehe, sich gegen eine postmortale Organentnahme auszusprechen. Es könne deshalb nicht von einem illegitimen Zwang zur Organspende, sondern lediglich von einer Verpflichtung zu einer Entscheidung die Rede sein. Eine solche Erklärungspflicht würde zum einen die Angehörigen von Hirntoten in der Zukunft von einer Stellvertreterentscheidung entlasten und ließe sich hinsichtlich des hohen Organbedarfs womöglich ethisch rechtfertigen.[174]

---

171 Vgl. www.zeit.de/wissen/gesundheit/2018-11/widerspruchsloesung-organspende-selbstbestimmung-ignoranz (Abruf am 06.08.19). Im Folgenden mit „Vgl. Simmank, Widerspruchslösung" abgekürzt.

172 Rund 80% der deutschen Bevölkerung steht der postmortalen Organspende positiv gegenüber, während ca. 70% sogar selbst als Spender im Falle des Hirntodes zur Verfügung stehen würden. Vgl. Simmank, Widerspruchslösung, 1.

173 Vgl. www.evangelisch.de/inhalte/152133/07-09-2018/pro-und-kontra-widerspruchsloesung-bei-der-organspende (Abruf am 06.08.19). Im Folgenden mit „Vgl. Osselmann, Pro und Kontra" abgekürzt; Vgl. Simmank, Widerspruchslösung, 1.

174 Vgl. Simmank, Widerspruchslösung, 1; Vgl. Osselmann, Pro und Kontra, 1.

Vertreter, die in der Widerspruchsregelung eine zu starke Beschneidung des Selbstverfügungsrecht über den eigenen Körper sehen, bezweifeln darüber hinaus, dass im Falle einer Neuregelung der erhoffte Effekt eines Anstiegs der Spenderzahlen tatsächlich eintreten würde. So haben andere Nationen weiterhin mit zu geringem Spenderaufkommen zu kämpfen, obwohl das Widerspruchsmodell die dort gängige Praxis darstellt.[175] Eine von Ärzten und Forschern unternommene Studie hat zudem das Ergebnis geliefert, dass nicht eine zu geringe Spendebereitschaft ausschlaggebend für den herrschenden Organmangel sei, sondern dass Krankenhäuser und Kliniken potentielle Organspender oftmals nur unzureichend identifizieren und dementsprechend melden würden.[176] Für die Verfechter einer Zustimmungslösung ist es außerdem wenig überzeugend, dass ein nicht vollzogener Einspruch mit einer Zustimmung gleichgesetzt werde, gerade da es sich um ein derart wichtiges und existenzielles Thema handle. Eine von Nächstenliebe und Solidarität geprägte posthume „Spende" der eigenen Organe lasse sich nicht einfach per Gesetz verordnen, da sie sonst vielmehr eine „Organabgabepflicht" bedeute, so der evangelische Theologe und DER-Vorsitzende Peter Dabrock.[177] Der katholische Priester und Ethiker Eberhard Schockenhoff gibt außerdem zu bedenken, dass in einigen Ländern, in denen die Widerspruchslösung angewandt wird, Teile der Bevölkerung nicht ausreichend über die Wertung eines fehlenden Widerspruchs als Zustimmung informiert wären. Dass die eventuelle Einführung des Widerspruchsmodells das ohnehin belastete Vertrauen in die Transplantationsmedizin noch weiter erschüttern könnte, befürchtet Eugen Brysch von der Deutschen Stiftung Patientenschutz.[178] Der menschliche Körper dürfe auch nach dem Tod nicht als „legitimes Ersatzteillager" (Prantl, Ersatzteillager, 1) missbraucht werden, da er sonst zu „einem Objekt staatlicher Sozialpflichtigkeit" (Osselmann, Pro und Kontra, 1) degradiert werden würde.

---

[175] Vgl. Osselmann, Pro und Kontra, 1.

[176] Vgl. www.spiegel.de/gesundheit/diagnose/deutschland-warum-so-wenige-organe-gespendet-werden-studie-a-1216871.html (Abruf am 06.08.19);
Vgl. www.aerzteblatt.de/nachrichten/96252/Krankenhaeuser-koennten-die-Zahl-der-Organspenden-massgeblich-steigern (Abruf am 06.08.19).

[177] Vgl. www.sueddeutsche.de/politik/organspende-kommentar-1.4114750 (Abruf am 06.08.19). Im Folgenden mit „Vgl. Prantl, Ersatzteillager" abgekürzt; Vgl. Osselmann, Pro und Kontra, 1.

[178] Vgl. Osselmann, Pro und Kontra, 1.

Nach Gegenüberstellung der Pro- und Contra-Argumente zur Einführung der Widerspruchslösung, möchte ich nun den Versuch einer persönlichen Abwägung unternehmen. Zunächst stellt die von den Gegnern oftmals vertretene Entgegnung, eine Widerspruchslösung beschneide das individuelle Selbstbestimmungsrecht, sich in der Frage der Organspende auch nicht äußern zu müssen, für mich ein eher schwaches Argument dar. Für mich stellt sich die Frage: Warum sollte man es dem mündigen Bürger in der Frage der postmortalen Organspende nicht zumuten können, einen eventuellen Widerspruch auszudrücken, wenn es ihm in nahezu allen anderen gesellschaftsrelevanten Fragestellungen und Themen ebenfalls obliegt, sich für eine von mindestens zwei Alternativen verbindlich zu entscheiden (z.B. Partnerschaft mit oder ohne Trauschein, Eigentum oder Miete, Wehrdienst oder Kriegsdienstverweigerung, Kirchenmitgliedschaft oder Austritt, Feuer- oder Erdbestattung)? Eine wichtige Voraussetzung dafür ist sicherlich, dass jeder Bürger umfassend und am besten mehrmals über die bestehende Erklärungspflicht und seine Widerspruchsmöglichkeit unterrichtet und aufgeklärt wird.

Andererseits sind die Einwände, wonach der Mangel an Spenderorganen auch auf andere Gründe als die bestehende Rechtslage zurückzuführen ist, durchaus nachvollziehbar und es überrascht, dass bislang scheinbar ausschließlich an der Stellschraube der Spendergewinnung, nicht aber an der Verbesserung des Vermittlungssystems zwischen Spender und Empfänger gedreht wird.

Hinsichtlich der zugrundliegenden Prinzipien der Hilfeleistung bzw. der Selbstbestimmung fällt der erste Aspekt für mich stärker ins Gewicht. Die Einführung einer Widerspruchslösung halte ich daher trotz ihrer Nachteile für ethisch legitim.

4 Fazit und Ausblick

Im Laufe der intensiven Auseinandersetzung mit der „postmortalen Organspende" im Rahmen der vorliegenden Abschlussarbeit wurde deutlich, dass „einfache Antworten" auf die zahlreichen Fragestellungen, die dieses Thema mit sich bringt, nicht zu finden sind. Dies wird rasch klar, wenn man die vielen unterschiedlichen Ebenen betrachtet, unter welchen die Thematik der postmortalen Organentnahme verhandelt werden muss. Um der Frage gerecht zu werden, müssen sowohl theologisch-philosophische wie medizinisch-naturwissenschaftliche, ethische als auch rechtliche Aspekte berücksichtigt werden. Aber auch die ökonomische wie auch emotionale Dimension darf nicht unbeachtet bleiben. Gleichzeitig bewegt einen die Rezeption persönlicher Schicksale (z.B. von Organempfängern oder Angehörigen von Organspendern) selbst, was eine rein rationale Meinungsbildung oftmals erschwert bzw. unmöglich macht. Nicht zuletzt unterliegt die Thematik der Organspende einem gesellschaftlichen Tabu. Niemand spricht gerne über den eigenen Tod und möchte sich die Situation des eigenen Hirntodes oder des Hirntodes eines nahen Angehörigen ausmalen. Vor diesem Hintergrund möchte ich nichtsdestotrotz zum Abschluss dieser Arbeit einen Einblick in meinen eigenen Entscheidungsprozess geben.

Als Besitzer eines Organspendeausweises zählte ich bereits vor Beginn dieser Zulassungsarbeit zu den grundsätzlichen Befürwortern der Organspendepraxis, ohne mich allerdings ausführlich damit auseinandergesetzt zu haben. Durch die Bearbeitung des Themas hat sich an meiner grundlegenden Bereitschaft zur postmortalen Organspende nichts geändert, da ich der medizinischen Diagnostik allgemein und der Hirntod-Diagnostik im Speziellen vertraue und eine Haltung der Nächstenliebe auch über den eigenen Tod hinaus einen wichtigen Wert für mich darstellt. Die mögliche Einführung einer doppelten Widerspruchslösung, welche die Menschen nicht zur Organspende zwingt, aber eine aktive Entscheidung dafür oder dagegen einfordert, halte ich für vertretbar, sofern alle Bürgerinnen und Bürger möglichst lückenlos und transparent über die sich dadurch ergebenden Konsequenzen informiert werden. Die in dieser Arbeit ausführlich präsentierte Diskussion um das HTK halte ich für eine, in deren Zentrum in erster Linie eine Frage definitorischer Natur steht. Den Umstand, dass ein hirntoter Mensch nicht mehr ins Leben zurückkehren wird und unweigerlich und irreversibel in absehbarer Zeit sterben wird, ändert weder die Bestätigung noch das Anzweifeln der Gültigkeit des HTK. Bei der Kontroverse um das HTK geht es also vor allem darum, einen rechtlich und ethisch vertretbaren Modus zu finden, der eine postmortale Organentnahme ermöglicht, ohne dass diese im Widerspruch zur im TPG verankerten „Tote-Spender-Regel" steht bzw. mit dem ärztlichen Tötungsverbot kollidiert. Zwischenkonzepte wie die von Stoecker, Dabrock oder Birnbacher, die den Hirntoten weder eindeutig als Toten bzw. Lebenden, sondern als „irreversibel Sterbenden" einstufen, halte ich für durchaus sinnvoll und nachvollziehbar, da sie dem besonderen Status eines hirntoten Patienten, der sich zwischen Leben und Tod bewegt, Rechnung tragen und die daraus abzuleitenden ethischen Implikationen meiner Meinung nach sehr anschaulich beschreiben.

Allerdings möchte ich die Aussprache für die postmortale Organspende nicht als leichtfertiges und gänzlich uneingeschränktes Ja verstanden wissen. Aufgrund der dargestellten Pro- wie auch Contra-Argumente kann ich gegenüber Vertretern konträrer Standpunkte durchaus Verständnis aufbringen und die argumentative Basis ihrer Position nachvollziehen. Eine individuelle Bereitschaft zur Organspende darf daher meines Erachtens nicht absolut gesetzt werden oder zur moralischen Pflicht (wie es Birnbacher tut) erhoben werden. Auch ein Widerspruch gegen die Organentnahme nach Hirntod ist aus ethischer und christlicher Sicht legitim und zu akzeptieren. Die Entscheidung für oder gegen die postmortale Organspende ist und bleibt eine persönliche Gewissensentscheidung, der eine individuell-persönliche Güterabwägung zugrundeliegt.[179]Mit Peter Dabrock[180] plädiere ich deshalb für mehr Transparenz und Ehrlichkeit innerhalb der Debatte. Im Zuge meiner Recherchen bin ich immer wieder auf Schilderungen von Organspendegegnern (z.B. von Peter Beck oder auch Renate Greinert[181]) gestoßen, die den Verdacht nahelegen, dass die Transplantationsmedizin und ihre Vertreter (insbesondere BÄK und DSO) nicht immer ausschließlich das Wohl der Patienten im Blick haben,

---

[179] Jeder Mensch muss für sich entscheiden, welche Güter oder Werte für ihn jeweils schwerer wiegen. Ist einem Menschen ein natürlich ablaufender Sterbeprozess, die Unversehrtheit seines toten Körpers oder die Abschiedsmöglichkeit seiner Angehörigen besonders wichtig, wird er tendenziell einer postmortalen Organentnahme widersprechen. Es sei denn, die möglicherweise lebensrettende Hilfe einer Organtransplantation besitzt für ihn noch höhere Priorität. Vgl. Klinnert, Über Leben entscheiden, 318-319.

[180] Vgl. Dabrock, Tot oder lebendig, 15.

[181] Renate Greinert musste 1985 miterleben, wie ihr damals 15-jähriger Sohn nach erlittenem Hirntod zum Organspender wurde. In Folge dieser für sie traumatischen Erlebnisse hält sie Vorträge und schildert die mit einer Organtransplantation eines Angehörigen verbundenen (psychischen) Herausforderungen aus Sicht einer Betroffenen. Greinert spricht sich aufgrund ihrer persönlichen Erfahrung gegen die postmortale Organspende aus. Vgl. https://gesundheitsberater.de/wp-content/uploads/emu_Greinert_Organspende_ansicht.pdf (Abruf am 08.08.19). Im Folgenden mit „Vgl. Greinert, Organspende – nie wieder" abgekürzt.

sondern eigene, gerade wirtschaftliche, Interessen verfolgen. Als Beispiel für Vorkommnisse, die das Misstrauen in die Transplantationspraxis verstärkt haben, ist zum einen die 1998 von der BÄK vorschnell vorgenommene Erklärung des Hirntodes zum Individualtod des Menschen zu nennen. Außerdem wird der DSO vorgeworfen, zu offensiv für die postmortale Organspende zu werben oder auf erhebliche negative Begleitumstände einer Transplantation (wie z.b. die nebenwirkungsreiche lebenslange Immunsuppressiva-Therapie) nicht ausreichend einzugehen. Auch Ärzten wird teilweise unterstellt, gegenüber Angehörigen nach Feststellung des Hirntodes zu rasch und zu vehement auf die Möglichkeit einer Organspende hinzuwirken. Will man das Vertrauen der Bevölkerung in die Praxis der Organspende zurückgewinnen, ist eine rezipientenorientierte Aufklärung unerlässlich. Menschen müssen sich in ihren Anfragen und Ängsten ernst genommen wissen[182] und das Ergebnis der Aufklärungsmaßnahmen dabei stets offen bleiben.[183]

Letztlich sollten alle an der Praxis der Organspende beteiligten Institutionen darum bemüht sein, einerseits durch die Durchführung von Transplantationen unerwartete Hilfe für Menschen in lebensbedrohlichen Lagen (z.b. bei drohendem Organversagen) zu bieten und andererseits die Würde eines Hirntoten, der seine Organe bereitwillig zur Verfügung gestellt hat, angemessen zu wahren. Dazu zählt es meines Erachtens auch, dass nicht ausschließlich spendeorientierte medizinische Maßnahmen beim Hirntoten angewandt werden, sondern auch bei und nach der Explantation darauf geachtet wird, dass dieser weiterhin als Mensch, nicht als „Ersatzteillager", behandelt wird. Für die Organentnahme notwendige chirurgische Eingriffe sind so vorzunehmen, dass sie den hirntoten Patienten nicht unnötig entstellen, sodass Angehörige in Würde Abschied nehmen können. Eine posthume Ehrung des Organspenders sowie eine spezielle seelsorgerliche Begleitung von Angehörigen wären weitere Maßnahmen, um bei Organtransplantationen nicht einseitig auf die Empfängerbedürfnisse einzugehen.

---

[182] So könnte der weit verbreiteten Angst, der irreversible Hirnfunktionsausfall könnte verfrüht oder fälschlicherweise festgestellt werden, dadurch begegnet werden, dass man sämtliche medizinische Möglichkeiten (apparative Zusatzdiagnostik mit CT-Angiographie) zur eindeutigen Diagnostik unabhängig von eventuellen Mehrkosten vollständig ausreizt. Vgl. Patt/Bienek, Organspende bei Hirntoten, 348.

[183] Dass der Umgang mit dem Thema der Organspende in den vergangenen Jahren differenzierter wurde, lässt sich auch an der Entwicklung des Slogans der Aufklärungskampagnen ablesen – von „Für mich ist es klar" (2013), über „Ich entscheide. Es tut gut, etwas geklärt zu haben" (2014) bis zu „Die Entscheidung zählt" (heute). Vgl. Klinnert, Über Leben entscheiden, 314.

Zuletzt sollte die Diskussion um die Organspende nicht nur abstrakt geführt werden, sondern auch persönlichen Schicksalen Raum geben, aus denen Lernerträge gezogen werden können. Erfahrungsberichte, wie der von Renate Greinert, die 1985 eine unter suboptimalen Bedingungen vorgenommene postmortale Organentnahme bei ihrem 15-jährigen Sohn miterleben musste, haben mich betroffen gemacht und mich teilweise in meiner Position Pro-Organspende verunsichert.[184] Das Beispiel von Heiner Röschert dagegen, dessen hirntoter Sohn seine Spendebereitschaft per Organspendeausweis bereits zu Lebzeiten dokumentiert hatte, zeigt, dass Organspende auch humaner ablaufen und für die Angehörigen zwar keinen Trost, aber immerhin eine „positive Mitteilung" inmitten der Trauer bedeuten kann.[185]

Es wird spannend zu sehen sein, wie sich das Thema „postmortale Organspende" in Zukunft darstellt. Wird die Widerspruchslösung eingeführt oder sind die Widerstände in Politik und Gesellschaft letztlich zu groß? Kommen neu entwickelte Pharmazeutika auf den Markt, welche die Abstoßung von Spenderorganen erfolgreich unterbinden und dabei nicht die massiven Nebenwirkungen gängiger Immunsuppressiva aufweisen? Oder wird es zukünftig sogar medizinische Errungenschaften (wie z.B. die Entwicklung eines funktionsfähigen Kunst-Herzes) geben, welche Organtransplantationen eines Tages ohnehin überflüssig machen? Auch wenn sich über diese Fragen nur spekulieren lässt, bleibt eines gewiss: Die Transplantationsmedizin und die Praxis der postmortalen Organentnahme bei Hirntoten ist und bleibt „eine Zumutung für Betroffene und Gesellschaft" (Zitat Vera Kalitzkus nach Denkhaus/Dabrock, Grauzonen, 146).

---

[184] Vgl. Greinert, Organspende – nie wieder, 5-7.

[185] Vgl. www.organspende-info.de/erfahrungen-und-meinungen/erfahrungsberichte/heiner-roeschert.html (Abruf am 08.08.19).

Literatur- und Abkürzungsverzeichnis

Monographien

Jonas, Hans: Gehirntod und menschliche Organbank. Zur pragmatischen Umde-
finierung des Todes, in: Technik, Medizin und Ethik. Zur Praxis des Prinzips Verantwortung, Frankfurt am Main 1987.

Klinnert, Lars: Tot oder nicht tot? Die neue Debatte um Hirntod und Organspende aus theologischer Perspektive, in: Über Leben entscheiden. Zur
Grundlegung und Anwendung theologischer Bioethik, in: Ethische Zeitfra-
gen in Kirche, Diakonie und Sozialer Arbeit, Band 1, Bochum/Freiburg
2018.

Kühn, Herrmann Christoph: Die Motivationslösung. Neue Wege im Recht der
Organtransplantation, in: Schriften zum Öffentlichen Recht, Band 750,
Berlin 1998.

Neuefeind, Yvonne: Ethik, Recht und Politik der postmortalen Organtransplantation. Ein Beitrag zur Novellierung des Transplantationsrechts, Berlin
2018.

Offizielle Verlautbarungen

Deutsche Bischofskonferenz und EKD: Organtransplantationen. Erklärung der
Deutschen Bischofskonferenz und des Rates der EKD, Bonn/Hannover
1990.

Deutscher Ethikrat: Hirntod und Entscheidung zur Organspende. Stellungnahme, Berlin 2015.

Schneider, Nikolaus: Geistliches Wort zur Organspende, Hannover 2012.

The President's Council on Bioethics: Controversies in the Determination of
Death. A White Paper by the President's Council on Bioethics, Washington
2008.

Beiträge aus Sammelbänden

Birnbacher, Dieter: Der Hirntod – eine pragmatische Verteidigung, in: Byrd, B.
Sharon/Hruschka, Joachim/Joerden, Jan C. (Hg.), Jahrbuch für Recht und
Ethik, Band 15, Berlin 2007, 459-478.

Höfling, Wolfram: Todesverständnisse und Verfassungsrecht, in: Bondolfi, Alberto/Kostka, Ulrike/Seelmann, Kurt (Hg.), Hirntod und Organspende, in: Bondolfi, Alberto/Seelmann, Kurt (Hg.), Ethik und Recht, Band 1, Basel 2003, 81-88.

Beiträge aus Zeitschriften

Brandt, Stephan A./Angstwurm, Heinz: Übersichtsarbeit. Bedeutung des irreversiblen Hirnfunktionsausfalls als sicheres Todeszeichen, in: Deutsches Ärzteblatt, Jahrgang 115, Heft 41, Köln 2018, 675-681.

Dabrock, Peter: Tot oder lebendig, in: Zeitzeichen. Evangelische Kommentare zu Religion und Gesellschaft, 12/12, Frankfurt am Main 2012, 14-15.

Denkhaus, Ruth/Dabrock, Peter: Grauzonen zwischen Leben und Tod. Ein Plädoyer für mehr Ehrlichkeit in der Debatte um das Hirntodkriterium, in: Zeitschrift für Medizinische Ethik, 58/2, Ostfildern 2012, 135-148.

Höfling, Wolfram: Tot oder lebendig – tertium non datur. Eine verfassungsrechtliche Kritik der Hirntodkonzeption, in: Zeitschrift für Medizinische Ethik, 58/2, Ostfildern 2012, 163-169.

Patt, Stephan/Bienek, Harald: Ist die Organspende bei Hirntoten noch zu retten?, in: Zeitschrift für Medizinische Ethik, 61/4, Ostfildern 2015, 341-354.

Schockenhoff, Eberhard: Hirntod, in: Zeitschrift für Medizinische Ethik, 58/2, Ostfildern 2012, 117-134.

Stoecker, Ralf: Der Tod als Voraussetzung der Organspende, in: Zeitschrift für Medizinische Ethik, 58/2, Ostfildern 2012, 99-116.

Online-Artikel

Birnbacher, Dieter: Die Herausforderung der Ethik durch die Medizin. Das Beispiel der Organtransplantation, in: VIA REGIA – Blätter für internationale kulturelle Kommunikation, Heft 62/63, https://www.via-regia.org/bibliothek/pdf/heft62_63/birnbacher_herausforderung.pdf (Abruf am 28.01.19), 1999.

Brenner, Andreas: Philosoph fordert: „Die Leichenspende sollte verboten werden." (Interview), www.aargauerzeitung.ch/kultur/philosoph-fordert-die-leichenspende-sollte-verboten-werden-111635677 (Abruf am 28.01.19), 2011.

Greinert, Renate: Organspende – nie wieder. Organtransplantation aus der Sicht einer Betroffenen, https://gesundheitsberater.de/wp-content/uploads/emu_Greinert_Organspende_ansicht.pdf (Abruf am 12.08.19), 2009.

Osselmann, Lynn: Pro und Kontra: Widerspruchslösung bei der Organspende, www.evangelisch.de/inhalte/152133/07-09-2018/pro-und-kontra-widerspruchsloesung-bei-der-organspende (Abruf am 06.08.19), 2018.

Prantl, Heribert: Organspende. Der Leib ist kein Ersatzteillager, www.sueddeutsche.de/politik/organspende-kommentar-1.4114750 (Abruf am 06.08.19), 2018.

Simmank, Jakob: Widerspruchslösung. Niemand wird gezwungen, Organe zu spenden, www.zeit.de/wissen/gesundheit/2018-11/widerspruchsloesung-organspende-selbstbestimmung-ignoranz (Abruf am 06.08.19), 2018.

Stoecker, Ralf: Der Hirntod aus ethischer Sicht, https://www.ethikrat.org/fileadmin/PDF-Dateien/Veranstaltungen/Stoecker_-_Der_Hirntod_aus_ethischer_Sicht.pdf (Abruf am 12.08.19), 2012.

Kurztitel

Birnbacher, Beispiel der Organtransplantation, 1-10.

Birnbacher, Hirntod, 459-478.

Brandt/Angstwurm, Irreversibler Hirnfunktionsausfall, 675-681.

Brenner, Leichenspende, 1.

Dabrock, Tot oder lebendig, 14-15.

DBK/EKD, Erklärung zur Organtransplantation, 10-11.

Denkhaus/Dabrock, Grauzonen, 135-148.

Deutscher Ethikrat, Stellungnahme zur Organspende, 68; 72; 84.

Greinert, Organspende – nie wieder, 2-17.

Höfling, Tot oder lebendig, 163-169.

Höfling, Verfassungsrecht, 81-88.

Jonas, Gehirntod, 219-241.

Klinnert, Über Leben entscheiden, 299-326.

Kühn, Motivationslösung, 142-143; 147; 149-154; 161.

Neuefeind, Ethik, Recht und Politik, 72-77; 81-90; 93-94.

Osselmann, Pro und Kontra, 1.

Patt/Bienek, Organspende bei Hirntoten, 341-354.

PCB, Controversies in the Determination of Death, 60.

Prantl, Ersatzteillager, 1.

Schneider, Geistliches Wort, 1.

Schockenhoff, Hirntod, 117-134.

Simmank, Widerspruchslösung, 1.

Stoecker, Hirntod, 1-7.

Stoecker, Voraussetzung der Organspende, 99-116.